労務トラブルから会社を守れ！

労務専門弁護士軍団が指南！

実例に学ぶ雇用リスク対策18

監修・弁護士
中村 博

イラスト 東陽片岡

白秋社

はじめに　経営者にとって労働関係の法律は「不平等な法律」

急激な日本の少子高齢化を背景に、コンプライアンス経営やワーク・ライフ・バランス、そしてここ最近では賃金上昇の重要性といった普遍的な考えが、労使間共通の当たり前の認識として一般化されるようになりました。特に、上場企業を中心とする大会社では、珍しいことではなくなってきています。

しかしながら、残念なことに中小企業では、そのような状況であるとは到底いえません。日頃の法律相談業務において、労務を中心に活動している私からすると、まだまだ昭和の時代の古臭い労働慣行や仕事に関する男女格差、非正規雇用従業員に対する差別的な認識などが払拭し切れていないといえます。そして、中小企業では、大会社と労働者との間では想定できないような労使問題が多々発生していることは否定できない事実です。

例えば、このような事案によく遭遇します。

「私の会社に出来の悪い社員がいるんです。入社当時、簿記の資格があり会計業務の経験もあるということで、新たに設けた経理部門の課長待遇で採用しました。ところが実際には、その資格や経験を前提としたパフォーマンスは、会社が期待していたものとは程遠く、しばらく様子を見ていました。しかし、入社して約1年が経過しましたが、全く状況が変わりませんでした。入社当時に期待していたパフォーマンスが発揮できないこの社員は、契約違反をしていることに間違いないと思いました。そこで、会社の代表者として、このような社員を雇用し続けることは会社にとって有害だと判断し、やむなくその社員を解雇しました。すると、その社員から、『解雇は無効だから、弁護士かユニオンに相談に行く』と言われました。こんな嘘つきみたいな社員は、当然解雇できますよね？」

この例のように、労働者の安易な解雇に考えが至ってしまう中小企業経営者の問題意識の低さの根本的原因は、どのような点にあるのでしょうか？

まず、そのような判断に至る中小企業の経営層が、労働関係の法律のそもそもの成り立ちについて、基本的に理解できていないことが挙げられます。というのも、すべての労働関係の法律が、日本国憲法第27条2項（最低勤務条件法定主義）と同法第28条（労働基本権）（P22コラム「日本国憲法における労働者保護」参照）を根拠とする、労働者を使用者から守るという視点に立って作られており、そのことを知らない方があまりに多いのです。労働契約においては、労働者が労働関係の法律によって支えられながら使用者と対峙しているという視点を忘れてはなりません。その意味では、経営者層から見れば、労働関係の法律は「不平等な法律」といっても過言ではなく、このことを前提に危機感をもって職場で生じた労働紛争には対応していかねばなりません。

次に挙げられるべき原因は、職場内における労使間の意思疎通の不十分さです。中小企業であれば、従業員の数も少なく会社の規模も小さいので、普通に考えれば経営者層と労働者間の意思疎通が図られやすいと思われがちですが、実態は必ずしもそうではありません。カリスマ性の強い社長の下で、イエスマンばかりの経営者層と労働者であったり、冒頭で触れたコンプライアンス経営やワーク・ライフ・バランスというような、現在では社会において常識となっている普遍的な価値を認めようとしない経営者層と、そんな彼らに対して無駄に抗おうとしない労働者の存在があったりします。そして、こういった状況において労使間の意思疎通が上手くいかず、社内での課題共有が進んでいない中小企業が未だに多く存在しているというのが現実です。

そして今、そのような中小企業で最も求められるのは、何といっても経営者層の「意識改革」、これしかありません。

以上のことから本書は、企業経営者層の方々にとって、その労務マネジメントにおける意識改革のきっかけとなることを目的に企画しました。日頃から労働関係の事件に多く関与している新進気鋭の弁護士と社会保険労務士とが、今、経営者が注目すべき18分野のトラブル事例を挙げ、紹介、解説しています。加えて、そのようなトラブルに至らないようにするための教訓と対策、不本意ながらトラブルに至ってしまった場合の実務的な対応について、できる限り分かりやすく解説しています。世は令和です。本書を日本の多くの経営者層、特に中小企業経営者の皆様に広くお読みいただき、本書で古い認識をアップデートするとともに、今後の自社の労務リスク対策に役立てていただければ幸いです。

最後に、今回の発刊にあたり、白秋社の高橋勉氏には企画段階からお世話になりました。心より御礼申し上げます。

令和6(2024)年3月

新霞が関綜合法律事務所
弁護士　中村　博

もくじ

コラム

01
採用（内定辞退）

採用内定を出した後に突然の内定辞退。損害賠償請求は可能か？

採用内定者が就労開始の半月前に突如として内定辞退を申し出てきた。多額の採用費用もかけ、入社することを前提に人員配置等を行って準備をしてきたのだから、損害賠償を請求したいのだが、可能だろうか？

弁護士
髙津 陽介
（髙津・平岡法律事務所）

事件の概要

東京都で広告代理店を営むA社は順調に業績を伸ばしており、令和5年4月には、翌年4月1日に営業職員10名を新たに採用することとした。そこで大手求人情報サイトに求人広告を掲載したところ、約100人の就職希望者がエントリーした。

A社は、これらの就職希望者に対し、計3回の会社説明会を実施するとともに、書類審査を実施して約80名を選抜し、この約80名に対し、約2週間をかけて一次面接を行い、一次面接合格者を40名に絞り込んだ。さらに、これら一次面接合格者に対し二次面接を実施し、二次面接合格者を20名に絞り込んだ。そして、令和5年6月4日、代表取締役社長が自ら、二次面接合格者20名に対し、個別面接を実施したうえ、10名の者を内定者として選抜して最終内定者を決定した。

令和6年3月に、T大学文学部を卒業見込みであったXは、A社の求人に申し込み、会社説明会に参加し、書類審査に合格し、一次面接、二次面接をそれぞれ通過し、代表取締役社長の最終面接をもパスし、10名の最終内定者のうちの一人となった。A社は、令和5年6月7日、Xに対し、内定した旨の電話連絡をした。

A社は、当初の採用目標人数10名を確保できたことから、人材募集を終了した。また、最終内定者10名を決定するまでの過程で、採用費用として約500万円支出していた。

A社は、令和5年7月以降、Xを含む最終内定者10名に対し、面談を実施するとともに、入社前研修を実施した。この面談と入社前研修は、入社5年目のB営業教育課課長が担当し、入社後の業務内容や社会人としての心構えを説くものだった。

こうしてA社は、令和6年4月1日には10名の営業職員が入社する前提で人員配置などの準備を進めていた。

しかし、令和6年3月15日、突如として退職代行業者（P225参照）から文書が送られてきた。そこには、Xが内定を辞退すると書かれていた。また、X本人には直接連絡しないようにとも書かれていた。

翌16日、A社は退職代行業者に電話をし、事情の説明を求めたが、退職代行業者の担当者は、「Xは内定を辞退するということだ。理由を答える必要はない」などと応じた。

A社はどうしてよいか分からず令和6年4月1日を迎えたが、同日以降、Xはやはり出社しなかった。

A社では、急遽、中途採用の営業職員を1名追加で採用することとし、改めて大手求人情報サイトに求人広告を出し、採用募集活動をやり直す羽目になった。

代表取締役社長は、Xの突然の内定辞退はあまりに身勝手だと憤慨し、Xに対して損害賠償請求をすることにした。

課題解説

●損害賠償請求できるか

A社の代表取締役社長の怒りはもっともなのですが、結論として、この場合にA社がXに対して損害賠償請求をするのは困難です。

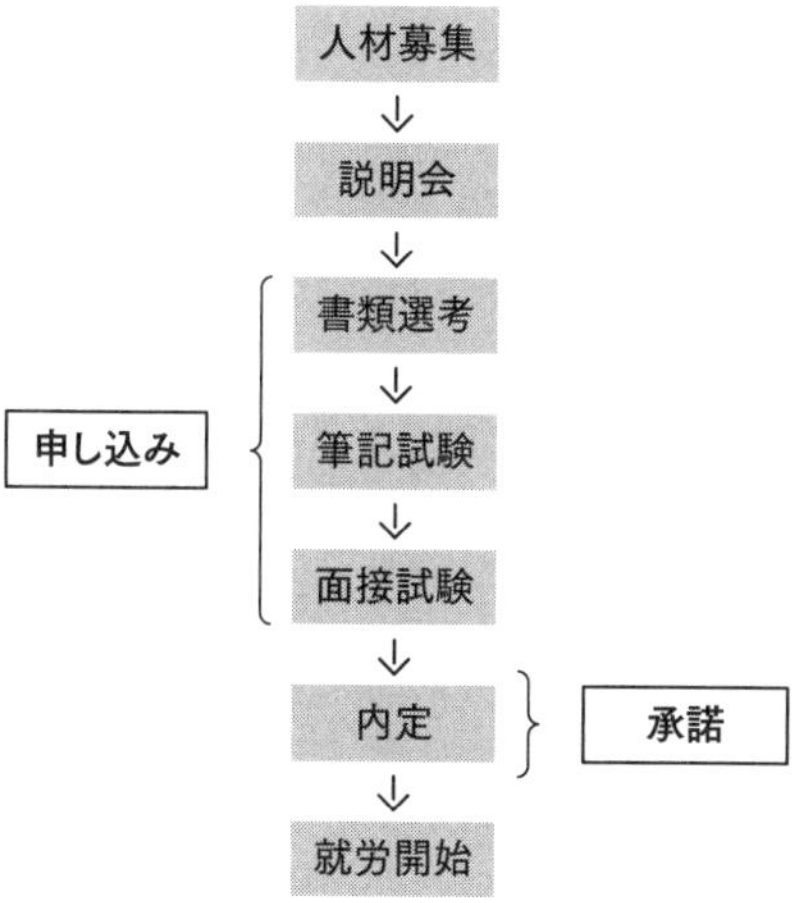

●採用内定の法的性質

損害賠償請求ができるかどうかについては、まず、会社が内定を出したということが、法律上どのような意味を持つかを検討する必要があります。

内定とは、求職者からの労働契約を締結してもらいたいとの申し込みを会社が承諾したことを意味します。

一般的な採用の流れは、会社が人材を募集し、説明会を開催するなどして求職者に参加を促し、履歴書をはじめとする必要書類を提出してもらって書類選考を行い、その後、筆記試験や面接試験などを経て、採用予定者を選抜します。採用予定者を決定すると、会社はその者に内定（合格）を伝え、その後、内定者は、就労開始日より実際に仕事を開始することになります。

このような採用過程においては、人材募集によって会社から雇用契約を締結しませんかという勧誘がされて、それに対して求職者が必要書類を提出するなどして採用選考過程に進むことを申し込んだ時点で、労働契約を締結することの申し込みがあり、その後の採用選考を経て、会社が採用予定者を決定し、その者に内定を伝えた時点で、求職者からなされた申し込みを会社が承諾したものと考えられます。したがって、会社が内定を出した時点で、労働契約が成立したと見ることになります。

●内定者からの解約の自由

そうだとすると、一見すると両者の合意によって契約が成立している以上、内定辞退という形で一方的に契約を破棄することはできないようにも思われます。

現に、会社が内定後に内定取り消しを行うには、成立した労働契約を解消するものである以上、解雇に当たり、客観的合理的理由があり、社会的に相当な場合でない限り、解雇することはできません（P68「解雇」参照）。

他方、労働者は2週間の予告期間を置けば、いつでも労働契約を解約することができます（民法第627条1項）。使用者による解約（解雇）の自由は制限されている一方、労働者にはそのような制限が課せられておらず、内定を得た労働者はいつでも内定を辞退することができるのです。内定辞退の理由が何であるかを問わず、それを会社に言う必要もなく、辞退の通知をした日

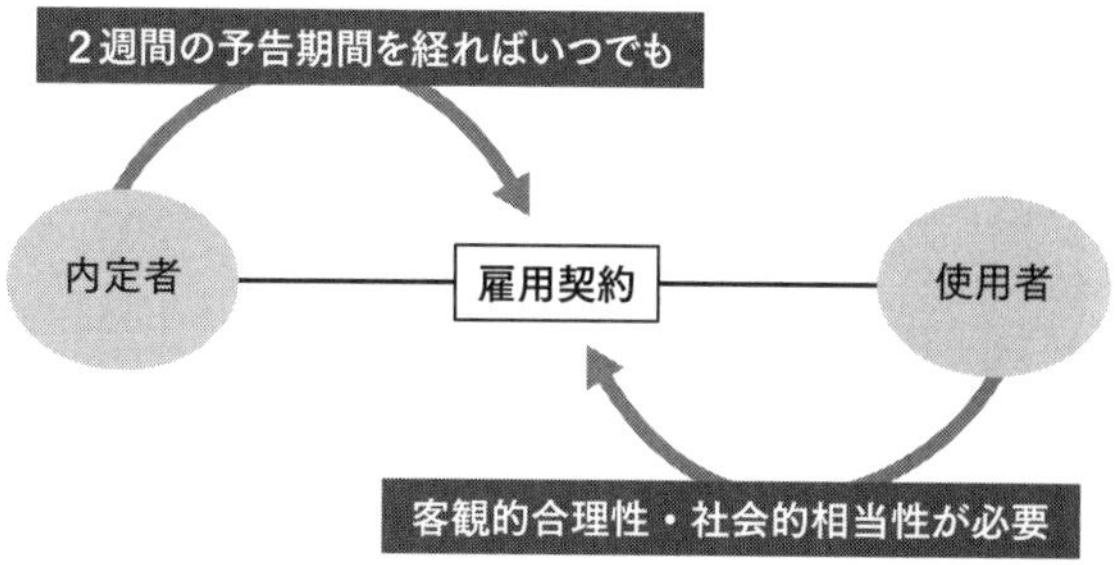

から2週間が経過したときに、雇用契約は終了することになるのです。

●損害賠償請求の可否

したがって、内定辞退をした者に対して、会社が入社を強制することはできません。

また、損害賠償請求も、原則としてすることはできず、例外的に、内定辞退があまりに信義則に反する態様でなされた場合のみ、損害賠償請求ができる可能性があるにとどまります。

ここでいう「信義則」とは、信義誠実の原則（民法第1条2項）のことで、権利の行使は信義に従い誠実に行わなければならないというルールです。当事者が社会共同生活の一員として、互いに相手の信頼を裏切らないように誠意をもって行動することが期待されていますので、形式的には適法な権利行使を行う場合でも、それが信義則に反する場合には、例外的に損害賠償責任を負うことがあるということです。

しかし、やはり権利行使である以上、それが信義則違反となって損害賠償責任が生じるのは極めて例外的な場合に限られます。

●同種事案の裁判例

本事案と同じく、内定辞退に基づく損害賠償請求の当否が問題となった事案（東京地判平成24年12月28日労経速２１７５号３頁）では、裁判所は、内定辞退の申し入れが著しく信義則に違反する態様で行われた場合に限り損害賠償責任を負うとしました。

その上で当該事案は、自ら留年することを大学に申請していた内定者がこれを会社に告げず、就労予定日の前日になって内定辞退の申し入れをしたケースでしたが、裁判所は、そのこと自体は信義則違反の程度はかなり大きいと指摘しました。その一方、このようになった経過として、使用者が行った研修がかなり厳しいもので、内定者は代理人弁護士を選任して、研修の法的問題点を検討する旨の通知をあらかじめ行っていたことからすれば、使用者の研修の厳しさ故に内定者が一種の過剰反応を起こして入社意欲が薄まり、自ら留年を申請し、使用者に対して直ちにその報告を行わず、内定辞退も入社前日にまでずれ込んだものであって、さらに代理人弁護士を選任して争う姿勢を見せていたことから、使用者にとっては内定辞退もすでに想定の範囲内であったと見るのが自然だとして、信義則に著しく違反する態様であるとは認めませんでした。

●本事案の検討

本事案では、内定辞退の申し入れは令和6年3月15日になされていますので、14日の予告期間を経過した同月29日に労働契約は終了することになります。実際の就労は同年4月1日からと予定されていたことから、それより前に労働契約を終了させる申し入れがなされたものと評価でき、申し入れの時期が特段会社に不利な時期になされたということはできません。

次に、Xは複数回の選考を経て採用内定を取得し、内定後の内定者面談や研修に参加して、来たるべき令和6年4月1日からの就労に備えた言動をとっていますが、これらも会社からの要請に任意に応じていたにすぎないため、内定辞退をしないことについての特別な期待を殊更に生じさせていたとはいい難いといえます。この点については、Xが自ら内定辞退は絶対にしないと積極的に念押しし、A社が他に募集活動をしないよう断念させたなどの事情があった場合は別かもしれませんが、そうでない限り、信義則違反を問うのは難しいでしょう。

また、X本人が言ってくるのではなく、退職代行業者を利用して内定辞退を通知してきた点も一応問題にはなり得ます。しかし、退職代行業者がXの内定辞退の意思表示を使者として伝えるだけの役割ならば、これも法的に問題はありません。

退職代行業者がXの内定辞退の理由を答えなかったという点も、内定辞退は理由の何たるかを問わずいつでもできるものなので（民法第627条1項）、X側はこれに応える法的義務はありません。

したがって、本件事案も、やはり信義則に著しく反するということはできず、損害賠償請求はできないという結論になりそうです。

●損害賠償請求が認められる範囲

もし仮に、内定辞退が信義則に著しく反するとして損害賠償請求が認められる余地があるとしても、その場合に請求できるのは使用者に生じた損害のすべてではなく、労働契約が締結されると信じて支出した費用等（信頼利益（注1））に限られます。Xの募集活動にあたって支出した費用の一部の賠償や、Xを雇用して活動させていれば得られたであろう使用者の利益の賠償を求めることはできません。

教訓と対策

以上より、内定辞退というのは、内定という制度に内包されているリスクと考えざるを得ず、それに対して法的な制裁を与えることを考えるのは現実的ではありません。

＊1　信頼利益
有効でない契約を有効であると信頼したために生じた、信頼した者の利益。例えば、土地の売買契約を有効であると信じて、土地を見に行くのに必要とした費用、その土地上に建てるつもりで建築材料を買った費用など（有斐閣『法律学小辞典［第４版補訂版］』より編集部引用）。

●採用内定通知書の一例

令和●年●月●日

内定者氏名　様

株式会社白秋商事
代表取締役　労務太郎

採用内定通知書

この度、厳正なる採用選考を実施しました結果、貴殿を採用することに決定いたしました。
つきましては、別添の入社承諾書をご記入の上、令和●年●月●日までに下記までご返送ください。
貴殿と一緒に働けることを弊社従業員一同楽しみにしております。よろしくお願いいたします。

記

書面送付先　〒000-0000
東京都千代田区飯田橋15－30
株式会社　白秋商事　総務部人事担当　宛

事後的な法的な制裁により損害を回復するのではなく、あらかじめ内定辞退を生じさせないようにする積極的な取り組みが必要です。

まず形式面ですが、採用内定の通知を出すのみならず、それと併せて入社承諾書を作成してもらいましょう。一方的な通知を受け取るよりも、自ら入社承諾書を作成することで、内定辞退への心理的抵抗が高まります。

また、採用内定後も、採

●入社承諾書の一例

株式会社白秋商事
代表取締役　労務太郎様

入社承諾書

この度、令和●年●月●日付採用内定通知書を受領し、令和●年●月●日を就労開始日として貴社に入社することを承諾します。

令和●年●月●日

氏名　内定者氏名
（自筆サインした上で押印）

用担当が定期的に連絡をとるようにしたり、配属予定先の従業員との交流会、内定者懇談会の開催や社内行事への招待、会社見学会や研修会を実施、アルバイトとして勤務してもらったりするなどの内定者管理が重要です。

これらは、就労開始予定日以前であっても、内定者の同意を得て実施するものである限り、何ら問題はありません。もっとも、無用な誤解を生じさせないためにも、こういったイベント

●採用内定者研修通知の一例

令和●年●月●日

内定者氏名　様

株式会社白秋商事
代表取締役　労務太郎

内定者研修のご案内

この度、令和●年度入社予定の内定者を対象に、下記日程で内定者研修を実施することになりました。当該研修は、弊社のことをよりよく知ってもらい、就労開始日以降、円滑に職務に従事していただくことを目的とするものです。任意参加ではありますが、内定者同士や、弊社従業員と知り合う良い機会ですので、是非積極的にご参加ください。下記日程に差支えがある場合、総務部人事研修担当宛てにご一報ください。

なお、ご自宅から研修会場までの合理的経路に基づく交通費は支給しますが、給与等の支払はありませんので、念のためご承知おきください。

記

・日　時　　令和●年●月●日　午後●時～午後●時
・会　場　　弊社2階事務室
・問い合わせ　総務部人事研修担当
　　　　　　電話03-1234-5678

以上

への参加を呼び掛ける際には、それが無給であることや、内定者の自由意思による自発的な参加を前提とするものであることを事前に通知しておくことが望ましいでしょう。

入社に向けた心づもりを形成し、就労開始に向けて、会社や職場のことをより知ってもらい、親近感を感じさせ、帰属意識を醸成させることによって、内定辞退を防ぐという発想が有益です。

コラム01

日本国憲法における労働者保護

中村　博

19世紀における資本主義の発展過程の中で、労働者は、使用者から劣悪な労働条件のもとで働かされ、体調を崩したりしても生活のために賃金確保をせざるを得ず、簡単には仕事を休むことができませんでした。そのため体調はより一層悪くなる一方で、労働のパフォーマンスが下がると、使用者からはすぐに解雇されたり、あるいは退職に追い込まれたりして、大変厳しい生活を余儀なくされるようになりました。

このような状況において、労働者の生活を守るためには、国家が法律という形で労働者を保護していかざるを得ない状況となり、資本主義国の憲法には20世紀に入ると労働者の権利が明文化されるようになりました。

日本国憲法にも、そのような趣旨で労働者を保護する条項が設けられました。

まず、日本国憲法第27条2項（「賃金、就業時間、休息その他の勤労条件に関する基準は、法律でこれを定める」）が挙げられます。これは、最低勤労条件法定主義とでもいうべき大原則であり、その内容は、雇用の際に使用者が有利な労働条件を提示し、労働者が不利な状況にならないよう、最低限の勤労条件を法律で決めるということです。つまり、使用者は法律が定める基準以下の勤労条件を、たとえ労働者が同意したとしても、労働契約の内容とすることができないことになるのです。ここにいう「法律」に該当する代表的な法律は、労働基準法や最低賃金法などです。

次に挙げられるのが、日本国憲法第28条（「勤労者の団結する権利及び団体交渉その他の団体行動をする権利は、これを保障する」）です。労働者は、この条文により、団結する権利（団結権）・団体交渉をする権利（団体交渉権）・団体行動する権利（団体行動権あるいは争議権）の3つの権利を取得し、これらを総称して「労働三権」と呼びます。労働契約においては、前述したように、現実的には労働者と使用者との間には力の差が生じざるを得ず、その結果、労働者は、使用者に対して不利な立場になってしまいます。このため劣位にある労働者と使用者とを対等の立場に立たせることを目的とし、労働三権が労働者には認められているのです。これらの権利があるからこそ、労働者は労働組合を結成して使用者と対等の立場に立つことができ、これを前提に労働組合が使用者と労働条件について交渉を行い、その交渉の中で労働組合が、労働条件の実現を図るために団体行動（代表的なものが争議行為）をすることが可能となるのです。なお、このような労働三権を支え、労働者が労働組合を結成し、その労働組合の活動を使用者から守る目的で、労働組合法という法律が存在しています。

以上のことから、我が国における労働関係の法律は憲法の条項に支えられ、労働者保護という観点からできていることは明らかであり、関連する各法律が労働者に有利な内容になっていることを忘れてはならないのです。

02
人事異動

社員を異動させようとしたところ、拒否された

タクシー運転手、学校の教員、医師、看護師、保険募集の外交員など、特定の業務に従事することを前提に入社する社員も少なくない。また、定期的な人事異動が行われない中小企業等においては、入社後から長年にわたって同一の業務に従事する社員もいるだろう。こうした社員に何らかの問題が発生した場合や、会社の人員配置の都合等から、やむなく他の業務に異動させることはできるのだろうか。

弁護士
織田 康嗣
（弁護士法人ロア・ユナイテッド法律事務所）

事件の概要

Y社は、タクシー運送事業を営む会社である。訪日外国人観光客の影響等から、全国的にタクシードライバーが不足しているが、Y社も例外ではなかった。Y社は、ハローワークや求人サイト等を通じて、粘り強く募集を続けていたところ、ある日、Xが応募してきた。

早速Y社の社長は、Xと面接を行うことにした。Xは、前職は事務職に従事しており、タクシー

ドライバーは未経験であった。Xに転職の理由を尋ねてみると、「前職では、休憩中も上司が話しかけてきて、全く気を抜く時間がなく、職場内のパワハラもひどかったため、人間関係に疲れてしまったんです」とのことであった。社長は、「それは大変な職場だったね。うちでも当然、人間関係はあるが、パワハラはないし、タクシー乗務中はマイペースに仕事ができるから、君の希望に沿えると思う。タクシー運転手が未経験ということだけれども、二種免許の取得費用については会社が持つし、免許取得に至るサポートもしているから安心してほしい」と述べた。

このような話を聞いたXはぜひ働かせてほしいと述べ、ドライバー不足に悩むY社も採用することにした。社長は、「採用後は小型タクシーの乗務を行ってもらう予定だけど、別途会社が指示する業務に従事してもらうこともあるからね」と説明し、採用時に交付する労働条件通知書には、従事する業務として「一般乗用旅客自動車運送事業用自動車の運転、その他会社が指示する業務」と記載されていた。また、Y社の就業規則には、「会社は、業務上の必要がある場合に、社員に対して就業する場所及び従事する業務の変更を命ずることがある。この場合、社員は正当な理由なくこれを拒むことができない」と規定されていた。

入社後Xは、すぐに二種免許を取得し、タクシードライバーとしての勤務を開始した。Xは少し英語を話すこともできたため、乗車する外国人観光客に東京の観光名所を紹介するなど、外国人観光客とのコミュニケーションをとることが楽しくなっていった。また、タクシーの給与は歩合制になっており、自分が努力した分が反映されることにもやりがいを感じていた。Xは自らの天職がタクシードライバーであると認識し、気が付けば、Y社に入社して5年が経過していた。

その後、新たに当該地域に参入してきたタクシー会社が台頭してきたうえ、外国人観光客が減少するなどの事情もあり、Y社のタクシー需要が大幅に減り、乗務員が過剰になりつつあった。そのような中、Y社の営業係（無線配車の補助などの業務）に従事していた社員が退職することになった。そこで、社長は、過剰になっている乗務員を適切に配置すべく、Xを営業係に異動させることを考えた。

社長は、Xに対し、「営業係の社員が1名退職することになった。当社の状況が厳しいことは分かっていると思うが、乗務員を辞めて営業係に異動してくれないか」と伝えた。これに対し、Xは、「事情は分かりますが、私はタクシー運転手として採用されており、他の業務に従事することは考えられません。運転手の仕事にもやりがいを感じていたんです。営業係に異動することになれば、歩合給から固定給に変わることにもなり、自身の給与にも大きな影響が出てしまいます。営業係への異動はお断りします」と述べた。

社長は、「新たに人員を補充することなど考えられない。就業規則にも、業務上の必要がある場合に、他の業務への変更ができる旨が定められているし、営業係への異動に従ってもらえない場合には、相応の処分を検討しなければならない」と述べた。

Xは、タクシー運転手から離れることに納得できなかったが、社長の命令に従わないことで、解雇され路頭に迷うことだけは避けたいと考えた。そこでXは、「営業係への異動には納得できませんが、会社からの命令ということであれば、いったんは営業係の業務に従事します。ただし、弁護士にも相談して、今後の対応は検討したいと思います」と述べた。

その後、Xの代理人弁護士から、タクシー運転手への業務に戻すことを求める内容証明郵便が届いた。しかし、社長はこれに何ら対応せずに放置していたところ、裁判所からY社に訴状が届いた。Xが営業係での就労義務不存在確認訴訟を提起したということであった。

課題解説

● 一方的に配転を命じられるか

配転（配置転換）とは、従業員の職務内容や勤務場所を変更し、配置の変更を行うことをいいます（短期間の応援等は含みません）。いわゆる人事異動です。複数の事業所を有している一定規模以上の会社では、事業所をまたぐ配転が行われることがあり、特に社員の住居地も変わるような場合は**転勤**と呼ぶこともあります。その一方で、1つの事業所しかない中小企業でも、A

課に所属する従業員をB課に配属させる場合など、従事する職務内容を変更する場合があり、これも配転に含まれます。

会社が社員に対し、有効に配転を命じるためには、その権限（**配転命令権**）が労働契約上に根拠付けられなければなりません。一般的には、就業規則に「業務上の都合により配置転換、転勤を命じることができる」といった規定を設けることで、その権限を根拠付けます。ただし、就業規則にこうした定めがない場合でも、配転命令を発することができないとは限りません。特に長期雇用を予定して採用された正社員について、職務の内容や勤務地を限定するような特約がなく、実際に社内で配転が広く行われているような事情がある場合には、労働契約上の明示または黙示の合意によって、配転命令権があると解されることもあります（精電舎電子工業事件・東京地判平成18年7月14日労判922号34頁）。

●職種限定合意について

会社に配転命令権があるとしても、社員を一定の職種に限定する（当該職種以外には一切従事させない）旨の合意がなされた場合、配転を命じられるのはその範囲内に限られます。

例えば、従事する職務を病院の看護師に限定する合意のうえで採用された場合、その後、医療事務職に異動を命じられないということです。ここでいう合意を**「職種限定合意」**といいます。

同様に、勤務地を限定する趣旨の合意を**「勤務地限定合意」**といいます。

明示的に職種限定合意や勤務地限定合意が存在していれば、労働者との間で疑義は生じませんが、トラブルになる多くの事例は、このような合意の有無が曖昧なケースです。

一般的には、特殊な技能や資格が必要とされる職種で採用される場合、会社との間で明示または黙示に職種限定の合意が成立することがあります（調理部員から営業部への配転を無効とした事例として、大京事件・大阪地判平成11年3月24日労経速1864号21頁等）。タクシー乗務員については、営業係への配転を無効とした判断がある一方（古賀タクシー事件・福岡地判平成11年3月24日労判757号31頁）、同事件の控訴審判決は、職種限定合意を否定し、配転命令を有効としています（福岡高判平成11年11月2日労判790号76頁）。

このほか、アナウンサーについて、職種限定合意の成立を肯定した事例（日本テレビ放送網事件・東京地決昭和51年7月23日労判257号23頁）と、否定した事例（九州朝日放送事件・最判平成10年9月10日労判757号20頁）があるなど、判断が分かれています。

また、長期間同一の業務に従事していたことをもって、職種限定合意が成立するかどうかも問題になります。労働者からすると、長期間同一の業務に従事し、社内では当該業務でキャリアを積み、今後も当該職種に従事することを期待する場合もあるでしょう。しかしながら、十数年から二十数年間、機械工として従事してきた労働者について、直ちに職種限定合意を認めることができないとした事例があるように（日産自動車東村山工場事件・最判平成元年12月7日労判554号6頁）、単に長期間同一の業務に従事したことのみをもって、職種限定合意を認めることは困難です。

このように、特殊な技能や資格を要する職種においては、職種限定合意が認められることがありますが、職種の内容のみで必ず成立するものとはいえません。採用時にどのような説明がなされたか、就業規則、雇用契約書、労働協約等にどのような定めがあるか等が重要となります。

●配転命令権の限界

仮に職種限定合意が認められず、他の業務に配転できるとしても、無制限に配転できるとは限りません。判例（東亜ペイント事件・最判昭和61年7月14日労判477号6頁）によれば、

①（配転命令に係る）業務上の必要性がない場合

【業務上の必要性があるとしても】

②不当な動機・目的をもってなされたとき

③労働者に対して通常甘受すべき程度を著しく超える不利益を負わせるものであるとき

など、特段の事情がある場合には、当該配転命令は権利濫用として無効になると解されています。

具体的に検討してみますと、①の業務上の必要性については、「余人をもって容易に代え難い」といった高度の必要性までは求められません（前掲東亜ペイント事件）。欠員の補充や定期的な人事ローテーション、労働者に何らかの問題（例えば、労働者の病気に配慮する場合や労働者の成績不良の場合、協調性欠如の場合等）があり、他業務で従事させる場合など、労働力の適正配置といった企業の合理的運営に資する内容であれば、業務上の必要性は認められます。

②の不当な動機・目的に関しては、例えば、退職勧奨に応じなかった社員を退職に追い込むためになされる配転など、嫌がらせ目的でなされるものが典型的です。

③の通常甘受すべき不利益か否かの点は、最も問題が生じやすいといえます。不利益といっても様々な内容があり得ます。例えば、職種が変更されることで支給される手当が変わり、賃金上の不利益を被るケース、遠隔地に配転されることで、家族の介護ができなくなるケース、社員が通っていた病院に通院できなくなり、健康上の問題が生じるといったケースなど様々なものがあります。本事例のように、同じ職種で長年積み重ねてきたキャリアを継続できないといった不利益もあるでしょう。運送会社において、運行管理者から倉庫業務に配転させたことが問題となった事例では、運行管理者の資格を活かし、運行管理業務や配車業務に従事するという労働者の期待への配慮が求められる旨が判示された裁判例もあります（安藤運輸事件・名古屋高判令和３年１月20日労判１２４０号５頁）。

●本事案の検討

タクシー運転手に係る本事案では、一定の資格を求められる職種であり、タクシー運転手として採用されている以上、職種限定合意が認められる余地は否定できません。しかしながら、労働条件通知書には、「その他会社が指示する業務」と記載されているうえ、採用時にもタクシー運転手以外に従事してもらう可能性を説明していることから、職種限定合意が認められるハードルは高いものと考えられます。

もっとも、職種限定合意が認められないとしても、入社の経緯等から、タクシー運転手としてのキャリアへの一定の配慮は求められると解されます。また、営業係に異動することで、歩合給から固定給に変わり、賃金上の不利益が発生する場合にはより慎重な対応が求められます。必要に応じて、調整給を支給するなどして、Xの生活への打撃が生じないような配慮も検討されるべきだと考えられます。

教訓と対策

●社員の理解を得る

社員の配置については、会社に広い裁量があるようにも思えますが、前述の東亜ペイント事件が示す要件を充足しなければなりません。また、採用時点で職種限定合意や勤務地限定合意が認められる場合、その後の配転に支障をきたす可能性があるので、注意が必要です。

本事案のように、一定の技能や資格が必要な職種や、入社以来、長年同一の職種に従事させた社員を配転させる場合、職種限定合意が認められないとしても、事実上のトラブル回避のため、社員の理解を得たうえで配転させたほうが安全です。すなわち、当該職種における長年のキャリアを、配転先の職種や今後のキャリアにおいて、十分に活用できることを説明するなどして、社員本人の同意を得ておくことが考えられます。社員本人の同意を得られれば、あくまで社員との同意によって配転させたという整理になり、配転命令権が無効となる法的リスクを最小化することができます。

また、職種限定合意・勤務地限定合意を認めるか否かについては、令和6年4月以降の法改正に対応することにより、その疑義が大幅に解消されるものと思われます。すなわち、**労働基準法第15条1項**（注1）では、採用時に労働条件通知書を発行するなどして、社員に労働条件を明示することが求められていますが、令和6年4月以降は採用直後の就業場所や業務の内容に加え、これらの**「変更の範囲」**につ

＊1　労働基準法第15条（労働条件の明示）
使用者は、労働契約の締結に際し、労働者に対して賃金、労働時間その他の労働条件を明示しなければならない。この場合において、賃金及び労働時間に関する事項その他の厚生労働省令で定める事項については、厚生労働省令で定める方法により明示しなければならない。

いても明示が必要となります。

例えば、職種の限定をしないのであれば、「(雇入れ直後) 営業、(変更の範囲) 会社内のすべての業務」などと明示し、職種を限定するのであれば、「(雇入れ直後) 運送、(変更の範囲) 運送」などと明示します。このように、職種の変更の範囲を明示することで、当該社員との間で職種限定合意が存在するか否かが明確になります。採用時の労働条件明示は、労働基準法上義務付けられているものですし、法改正後の内容に対応することによって、職種限定合意の疑義もかなり解消されますから、適切に対応すべきでしょう。

コラム02

使用者とは？

中村　博

労働法の領域で、よく「使用者」という言葉が出てきますが、これは、一般的には、労働契約の当事者のうち、**労働者の提供する労働の対価である賃金を支払う者**という意味で理解すれば足り、その旨が労働契約法（以下、労契法）第2条2項（注1）で明文化されています。そして、これは労働基準法（以下、労基法）第10条（注2）にいう、「事業主」（個人企業の場合であれば経営者個人、会社その他の法人組織の場合は法人それ自体が該当）に該当するとされています。

ところが、労基法第10条をよく見ると、使用者の中に、この「事業主」だけではなく、「事業の経営担当者その他その事業の労働者に関する事項について、事業主のために行為をするすべての者」も含むとしており、これに該当するのは、**法人の代表者や役員、そして、労基法が規制する事項について具体的な指揮・命令を行う者（人事部長や総務部長等）**が挙げられます。つまり、労基法は、取締法規としての性質から、労働者保護を徹底するために、使用者概念を通常より広げているといえるのです。

それでは、同じく労働者保護法としてよく挙げられる労働組合法（以下、労組法）においては、どうでしょうか？　この点について、労組法においては、特に使用者概念についての明文はありません。しかし、労組法第7条が、使用者に対して正当な理由なく団体交渉を拒むこと等を不当労働行為として禁止しているため、誰が使用者となるのか問題となるところです。判例では労働条件等の決定について、使用者と同視できるほどの権限を持つ場合には、他社も労組法上の使用者になる余地を認めており、ここでも、事業主としての使用者概念が拡張される余地を認めていることになります。この点で、実務上、子会社の労働者が組織する労働組合が、親会社に対して団体交渉を申し入れる場合がよく問題となりますが、親会社が子会社の従業員の労働条件等の決定について関与していた場合には、使用者だと認められる余地があるので注意が必要です。

なお、労契法上の使用者概念も、解釈上、労働契約当事者としての使用者だけでなく、黙示の労働契約があると認められるような場合、例えば、派遣社員と派遣先事業主との間に労働契約が確認できるような場合、派遣先事業主が使用者と認められる余地がありますから、派遣社員を受け入れる場合は、派遣社員の労働条件については、派遣先事業主としてくれぐれも「ノータッチ」とすることが肝要です。

＊1　労働契約法第2条
この法律において「労働者」とは、使用者に使用されて労働し、賃金を支払われる者をいう。
2　この法律において「使用者」とは、その使用する労働者に対して賃金を支払う者をいう。

＊2　労働基準法第10条　この法律で使用者とは、事業主又は事業の経営担当者その他その事業の労働者に関する事項について、事業主のために行為をするすべての者をいう。

コラム03

労働契約

松本 貴志

労働法上の労働契約とは、労働者が使用者（企業）に使用されて労働し、使用者がこれに対して賃金を支払うことを内容とする契約であると定義付けられます（労働契約法第6条）。一方で、民法上は「雇用」契約についての定めがあり、その内容は、当事者の一方（労働者）が「労働に従事」し、相手方（使用者）が「これに対してその報酬を支払う」契約とされています（民法第623条）。労働法上の労働契約と民法上の雇用契約とは、規定されている法律や文言が異なりますので、学者の中では、両者を異なるものとして分けて考える説（峻別説）と、同一のものとして見る説（同一説）とに分かれています。しかし今日では、同一のものとして考える説が一般的となっており、裁判例においても特に区別されてはいません。

●労働契約の取引対象は「人」

ところで、労働契約には、売買などの他の契約と比べて特徴的な性格があります。具体的には、労働契約は、物やサービスではなく、人間そのものを取引の対象とします。このような性格ゆえ、労働契約は労働者の生命や身体への危険を生じさせ、また労働者の生活を過酷な状況に陥らせる危険性があります。法律一般の世界では、契約の内容は当事者間で自由に決めることができるという契約自由の原則がありますが、労働契約においては、契約自由の原則の例外として、例えば両者で取り決める労働時間を制限して長時間労働を防止したり、また賃金は原則として控除したりせずに全額を支払わなければならないと規制したりする（この原則を「賃金全額払いの原則」といいます）などして、労働者の保護を図っているのです。

また、労働者は使用者から賃金を支払ってもらうという関係にあるため、使用者よりも経済的に弱い立場に立たされるという特徴や、労働者の具体的な労働義務の内容が使用者の指揮命令によって決定されるという特徴もあります。労働者は、労働条件について異議がある場合であっても、使用者に自分の意見を個別に主張することは、その立場ゆえに簡単なことではありません。

そこで、労働法においては、労働者が団結して労働組合を結成すること（**団結権**）、労働組合という集団として使用者と対等な立場で交渉を行うこと（**団体交渉権**）、その際にストライキなどの団体行動をとること（**団体行動権**）などが労働者の権利として認められています。また、裁判において、労働条件の変更の場面で、労働者にとって不利益な内容の合意の認定が慎重になされるのも、労働契約のこれらの特徴を背景としています。

03
労働条件変更

給料の自主返納や降格処分を下す場合の留意点は？

弁護士
松本 貴志
（弁護士法人ロア・ユナイテッド法律事務所）

会社と従業員との間の労働契約は、両者の「合意」により結ばれるものであるので、その内容である労働条件を変更するには、通常両者の合意があれば足りるはずである。しかし、事実上、会社のほうが労働者よりも強い立場にあるため、法律の世界では労働者のほうがより強く保護される。

このことを前提に、仮に職務怠慢により、会社に多額の損害を生じさせた従業員に対し、給料の自主返納を求めることはできるのだろうか。また、人事権の行使として「降格」を命じた場合、争われる危険性はどの程度あるのだろうか。

事件の概要

●事案(1)　通常あり得ない職務怠慢

A社は、産業廃棄物処理機械装置、水質汚濁防止機器等のメンテナンス等を業とする株式会社である。A社は、その重要な取引先のひとつであるT社のスポーツ施設において、浄水設備等のメンテナンス業務の委託を受けていた。Yは、20年ほど前からA社に勤務するベテラン社員であり、T社におけるメンテナンス業務の責任者であった。

A社のS社長は、経験豊富なYを信頼して同業務を任せていたが、2年ほど前、Yのメンテナンス業務の一部に不手際が見つかった。Yの不手際は、同業務をするうえでは業界であり得ないほどの職務怠慢であり、しかもYはそれを分かっていて故意に行ったのである。Yの不手際が発覚したことにより、A社はT社から契約を打ち切られ、重要な取引先を失った。S社長は当然怒り心頭に発したが、Yが長年A社に貢献してきたこともあり、その際にはお咎めなしとした。

しかし、その後、YのせいでT社からの売上げがなくなったことも響き、A社の経営状況は徐々に悪化していった。その時すでにYのT社における不手際から2年ほど経っていたが、S社長は、「Yの職務怠慢さえなければこのような状況には陥らなかった」と思うようになり、再びYへの怒りが湧いてきた。あのような職務怠慢がありながら、最近は社内でのYの横柄な態度が目立つようになったのでなおさらである。

そこで、S社長は、Yに対して、翌月分の給料を自主返納させることにした。YのせいでT社からの売上げがなくなり、返還させる給料より遥かに多い損害がA社に生じたのであるから、ある意味で当然である。

S社長がYに対し、翌月分の給料の自主返納を求めたところ、最初は「2年も前のことを今更追及しないでください」などと言ってYは反抗したものの、最終的には会社の経営状況も踏まえ、了承してくれた。そこで、S社長は、Yに「私は、自らの職務怠慢で、会社の指示・命令・約束に背き、その結果、会社やお客様に対して重大な問題を招いたことを深く反省し、お詫び申し上げます。つきましては、○○年○月分の給与を頂くことはできませんので、自らの意思で会社に全額返金をさせていただきます」という内容の念書に署名・押印のうえ、提出させた。

しかし、その後A社を退職したYの代理人から、A社宛てに、返納したはずの給料の返還を請求する旨の内容証明郵便が届いた。

●事案(2) 管理職不適格

他方、C社は、自動車部品のプレス加工、溶接加工、塗装、組立等を事業内容とする株式会社であり、従業員の職位は、上位から部長、課長、次長、主任、職長、班長及び平社員という序列になっている。C社の就業規則には、役付手当について、課長は6万円以上、主任は3万円以上、職長は2万円以上、班長は1万円以上とすることなどが定められているが、人事上の措置として行われる役職や職位の引下げ(降格)に関する定めはない。

Zは、10年ほど前にC社に中途入社して、自動車部品のプレス加工等の製造作業などを行っており、5年前から課長の役職に就いていた。しかし、Zが課長に就任して以降、C社の製造部門では多数の労働災害が発生していた。社内では、労働災害が多発しているのは、Zが効果的な再発防止策を講じていないことが原因であるとも考えられていた。

また、Zが課長に就任してから、不良品が大量に社外に流出するようになった。この不良品の大量流出も、Zの管理体制の不備が原因の一端である可能性もあったが、Zはそれに対して何ら改善案を出すこともなく、他部門への責任転嫁に終始していた。さらに、Zは、自我が強く、自らの業務上の問題についてすぐに他人に責任転嫁する癖があるため、上司や部下ともよく揉めていた。

これらの事情から、C社は、Zには当該部門における管理職としての適格性がないと判断し、Zに対し、少量生産を専門に対応する他の課の課長職に異動することを命じた。しかし、Zはこの新しい課に回ってきた作業を「他の部署にやらせろ」と言ったり、小部屋に隠れて怠けたりするなど、与えられた職務を全うしないでいた。

そこで、C社は、Zには管理職としての能力がないにとどまらず、反抗的な態度を見せて職務を全うしない姿勢を重く見て、課長職からいきなり5段階下の平社員に降格させた。その結果、Zは役付手当6万円が不支給となり、これはZの賃金全体の約15%の減額を意味した。

降格処分からしばらく経って、C社は、Zからいきなり訴訟提起されることとなった。その内容は、Zを課長職の地位に戻すこと、そして降格処分をしてから現在に至るまでの期間における課長職時代の役付手当を支払うことを求める内容であった。

課題解説

●合意原則と労働条件の変更方法

そもそも労働契約は「契約」であるので、当事者双方の「合意」がなければ、その内容である労働条件は変更されないのが原則です。これを労働法の世界では、**合意原則**といいます。合意原則によれば、使用者は、ある労働者との間の労働契約における労働条件を変更するには、その労働者の同意を得る必要があります。

しかし、労働契約においては、一人の使用者（企業）に対して、同じような労働条件の労働者が多数いるので、その労働者全員の同意が得られないと労働条件を変更できないとすれば、あまりに不便で企業経営が成り立たなくなってしまいます。

そこで、労働法においては、使用者が労働条件を変更する方法として、**①労使双方の個別同意**（労働契約法第9条本文）のほか、**②就業規則の設定・変更**（同法第9条但書《ただしがき》・第10条）による方法、**③労働協約の締結**の方法、そして**④降格や配転等、使用者の労働契約上認められ**

た人事権の行使として変更する方法が認められています。なお、③の労働協約とは、企業と労働組合との間の労働条件その他に関する協定のことをいい、その効力は、原則として組合員にのみ適用されます。

事案⑴は、Yの同意のもと、賃金の返還を求めたものです。言い換えれば、A社がYに対して毎月一定の賃金を支払うという内容の元々の労働条件をYの同意のもと変更していますので、①の合意原則の事案に当たります。

一方、事案⑵は、Zの同意なく一方的に降格を命じているので、④の業務命令による変更の事案です。

●Yの給与の自主返納の有効性

事案⑴は、上記の合意原則通りYの同意を得て労働条件を変更した事案であり、また給料返還の理由や反省の弁まで記載した念書を提出させたうえで給料を返還させているので、A社が訴訟において負けるはずがないと考える人もいるかもしれません。

しかし、労働法の世界では、労働者は会社の指揮命令下に置かれる弱い立場にあり、会社に逆らうことは難しいと考えられています。したがって、裁判においては、仮に労働者が同意書を提出するなど、労働条件の変更を受け入れるような行為をした事案においても、A社の事案のような賃金という重要な労働条件の不利益変更の場面では、特にその同意の有効性が厳しく判断されます。

この点に関して、最高裁判決である山梨県民信用組合事件（最二小判平成28年2月19日）は、裁判所としての考え方を示しています。それは、仮に労働条件の変更を受け入れるような行為があったとしても、当該行為をもって直ちに労働者の同意があったものと見るのではなく、当該変更により労働者にもたらされる不利益が大きいかどうかや、会社側が事前に当該変更の内容について十分に説明をしていたかどうか、その他同意を得る経緯等に照らして、労働者の自由な意思に基づいてされたものと認めるに足りる合理的な理由が客観的に存在する場合に限り、同意が有効であるとしました。

つまり、会社側が労働条件の変更について十分な説明をせず、労働者がよく理解せずに同意書にサインをしてしまった場合や、会社側の威圧によって同意書にサインしたような場合には、自由な意思に基づかないので、同意は無効であるとしました。

このような考え方は、A社の事案(1)のような、賃金を返還（放棄）する場面でも同様に考えられています。事案(1)の基となったジー・イー・エス事件（大阪地判平成31年2月28日 LEX/DB 25562570）において、裁判所は、「一般に労働者が賃金を自主的に放棄ないし返納する場合、その日々の生活に大きな不利益を生じさせることになる反面、労使間の交渉力の格差を原因として形式上賃金の放棄ないし返納とみられる行為を強いられる危険がある」と指摘したうえで、「給与を返納する前提として、原告が被告に対し上記事件について損害賠償責任等を負うのか、どれほどの金額を負担すればよいのかについて当事者間で話し合いが行われた形跡はうかがわれない、また「念書にも、給与を返納するに至った具体的な事情は書かれていない」「事件から2年以上経過した後になって、その責任をとって給与の自主返納を行うのは、不自然ないし唐突の感が否めない」ないとして、労働者の自由な意思に基づかないと判断し、給与の返還の有効性を否定しています。

つまり、A社のような事案では、業務上の不手際から2年も経過した後になってYが返還をするのは不自然であるし、給料を返還する理由もA社とYとの間でクリアになっていたわけではないので、給与の返還がYの自由な意思に基づくことが明らかとはいえず、給与の返還は無効であると判断されました。

● C社の降格処分の有効性

事案(2)では、C社がZの同意を得ることなく、一方的に降格処分を下しています。

そして、降格処分には、人事権の行使としてなされる場合と懲戒処分としてなされる場合があります。また、人事権の行使としての降格には、**ⓐ職位・役職の低下**のほかに、**ⓑ職能資格・**

資格等級を低下させるものがあります。

ⓑの場合、資格等級の低下は、直結している基本給の低下をもたらす重要な労働条件の変更ですので、労働協約、就業規則上の規定、労働者の同意などの契約上の根拠が必要であるとされています。一方で、ⓐの職位・役職の低下については、企業は、労働契約上当然に、組織内における労働者の具体的配置を決定・変更する広範な人事権を有していることから、就業規則等の具体的な根拠規定がなくても、人事権の行使としてその裁量により職位・役職を低下させることができるとされています。

C社は、人事権の行使としてZに対して課長職から平社員への降格処分を下していますので、人事権の行使としての降格のうち、ⓐの職位・役職を低下させるものに当たります。

また、降格処分の種類としては、ⓐの職位・役職を引き下げる場合、ⓑの職能資格・資格等級を引き下げる場合、そしてⓒの職務等級を引き下げる場合がありますが、この事案は、ⓐの職位・役職を引き下げています。よって、C社の就業規則には役職や職位の引下げに関する規定はありませんが、C社は労働契約に基づき、裁量によって職位・役職を引き下げること、すなわち降格処分を下すことができます。

しかし、降格処分が人事権の濫用となる場合には、権利濫用として無効となります（労働契約法第3条5項）。人事権の濫用となる場合とは、例えば、嫌がらせなどの不当な動機・目的で降格処分を下したような場合や、降格処分をする業務上の必要性が低い一方で、手当が大幅に減少するなど労働者の受ける不利益が大きいような場合をいいます。

事案(2)の基となった広島精研工業事件（広島地判令和3年8月30日労判1256号5頁）では、まず、一般論として、「当該降格が権利の濫用に当たるか否かを判断するに当たっては、①使用者側における業務上、組織上の必要性の有無及び程度、②労働者の能力又は適正の欠如の有無及び程度、③労働者の受ける不利益の性質及び程度等の諸事情を総合的に考慮することが相当である」と指摘しました。その上で、当該労働者について、「仮に安全、品質に関する成績の不良という観点から原告を課長の地位にとどめておくことが相当でなかったといい得るとしても、平社員まで大幅に降格させる必要性があったとは認め難い」「賃金は約15％もの減額となることからすると、その不利益の程度は重大であるというべきである」等を理由として、降格処分を「社会通念上著しく妥当性を欠き、権利の濫用に当たるものというほかなく、違法、無効である」と判断しました。つまり、この事案においては、仮にC社の考えるように、多数の労働災害の発生や不良品の大量流出の原因の一端がZにあるなど、課長職としての能力・適格性に疑問が生じるとしても、平社員まで大幅に降格させるにはそれ相応の必要性が認められなければならないとされました。

教訓と対策

●個別同意による変更における留意点

前述したとおり、労働条件を変更する方法としては、①労使双方の個別同意、②就業規則の設定・変更による方法、③労働協約の締結の方法、④降格や配転等、使用者の労働契約上認められた人事権の行使として変更する方法がありますので、労働者の労働条件を変更する場合には、このうちのどの方法により行うかをまず確認する必要があります。

ただし、労働組合の組織率が低い中小企業においては、③の労働協約の締結による方法が採れない場合が多いようです。また、②の就業規則の設定・変更による方法についても、常時使用する労働者が10人未満の零細企業では、そもそも就業規則の作成義務がないため（労働基準法第89条）、就業規則を作成していないケースも多く見られます。したがって、このような零細企業においては、人事権の行使以外の労働条件の変更の方法としては、主に①の労使双方の個別同意による方法が採用されることになります。

そして、A社のように労働条件を労働者の不利益になるよう変更する場合、すなわち賃金のような重要な労働条件については、特に同意の認定は厳格かつ慎重になされることに留意が必要です。

同意により重要な労働条件を不利益に変更する場合には、判例・裁判例でいうところの、**「自由な意思に基づいてなされたと認められる客観的状況」**を作り出すことが肝要です。具体的には、書面での同意を得るだけでは足りず、当該労働条件の変更により労働者が受ける不利益の内容や程度について資料などを用いて丁寧に説明し、労働者の質問にも答えるなどして理解を得ることが必要となります。

また、裁判でも耐えられるように、説明資料を保存したり、説明内容を記録したりすることも重要です。さらに、当該労働条件の変更により労働者の受ける不利益も、「この程度の不利益であれば、同意をすることもあるだろう」という程度の不利益にとどめるべきであり、A社やC社のように著しい不利益を与えることは回避すべきです。ただし、どのような状況であれば「自由な意思に基づいてなされたと認められる客観的状況」になるのかについての判断は難しいので、不利益変更の同意を得る際には、弁護士に相談しましょう。

●降格処分の留意点

前述のとおり、人事権の行使としての降格処分のうち、C社のように、職位・役職を低下させるものについては、就業規則等の根拠なく行うことができます。しかし、裁量権の範囲を逸脱し、人事権の濫用に該当する場合には無効となります。

特に、Zのように役付手当の不支給という賃金の減額を伴う場合には、慎重に実施しなければなりません。Zの場合、役付手当が賃金全体の約15％を占めるので、これを不支給とすることは、Zにとって不利益の程度が大きいからです。また、C社は、Zの能力不足や適格性の欠如を理由に課長職から平社員に大幅に降格させていますが、そもそもZに課長職の能力・適格性があると判断して課長職に任命したのはC社であることから、これを大幅に降格させるにはそれ相応の理由がなければなりません。

したがって、降格処分が無効と判断されないためには、そもそも当該労働者に特定の役職を与える際は、その能力や適格性を慎重に判断する必要があります。その上で、どうしても降格する必要がある場合には、その必要性について具体的な根拠を用いて説明することができるか、また、給料の減額を伴う場合には、その額や賃金全体における割合からして著しい不利益を与えるものではないかを確認する必要があります。

コラム04

就業規則の不利益変更

松本 貴志

●合理性があり周知されていれば変更可能

労働条件を変更する手法として就業規則の変更があります。就業規則の不利益変更に関する相談は、筆者の事務所に寄せられる労務相談の中でも特に多いといえます。

そもそも就業規則とは、事業場の労働者に対して適用される労働条件や職場規律に関する規則類のことをいい、就業規則に該当するか否かは、名称ではなく実質により判断されます。つまり、「就業規則」という名称でなくとも、例えば労働者の賃金について定める「給与規則」や育児・介護休業等について定める「育児・介護休業規程」など、労働者の労働条件等について定めるもので、労働者に対して周知されているものは、法律上は就業規則として扱われます。なお、事業場単位で常時10人以上労働者がいる場合、使用者（企業）は就業規則を作成する義務がありますので（労働基準法第89条）、大半の中小企業にも就業規則を作成する義務があります。

就業規則は、労働者の合意なく使用者が一方的に定められる点で、使用者にとってはメリットがあります。しかし、反対に労働者にとっては、一方的に労働条件を不利に変更されてしまう危険性があることから、労働契約法第9条本文では、使用者が就業規則の変更により労働者の労働条件を不利益に変更することを原則として禁止していますが、同条但書《ただしがき》及び第10条は、変更に合理性があり、変更後の就業規則が労働者に周知されている場合には、例外的に就業規則の変更により労働条件を不利益に変更することを認めています。

●労使双方の利益バランスで判断

就業規則の不利益変更の合理性は、変更される労働者の不利益と変更する使用者の利益の比較衡量により判断されます。すなわち、変更による使用者の利益が労働者の不利益を上回れば合理性が肯定され、逆に労働者の不利益が使用者の利益を上回れば合理性が否定されます。その判断においては、労働者の受ける不利益の程度、労働条件の変更の必要性、変更後の内容の相当性、労働組合等との交渉の状況、代償措置や経過措置等のその他の事情等が考慮されます（労働契約法第10条）。

例えば、労働者にとって最も重要な労働条件とされる賃金が減額される場合は、一般的に不利益の程度は強いため、高度の変更の必要性が要求されることとなります（すなわち合理性を否定する要素となります）。一方、当該事業場の多数の労働者が所属する労働組合と当該変更について十分な協議を経た事実や、不利益を緩和するための代償措置や経過措置が講じられていれば、合理性を肯定する要素となります。

このように就業規則の不利益変更においては、様々な要素を総合的に考慮して合理性が判断されるため、判断が難しいケースが多いといえます。特に中小企業の経営者の方は、労働組合との協議に慣れていない場合が多いので、就業規則の変更を実施する際には、労務問題を得意とする弁護士に相談されるのがよいでしょう。

04
残業代

固定残業代を支払っていたはずの社員から未払残業代を請求された

中小企業では、固定残業代制度を採用している企業が少なくない。しかし、固定残業代制度を法的に問題のない形で導入、運用できている会社となると、決して多くはない。固定残業代が無効と判断されてしまった場合、当該固定残業代分の割増賃金が不払いであったことになるだけでなく、未払残業代の計算に際して当該固定残業代を基礎賃金から控除できず、想定よりも支払いが高額になりやすいという恐ろしさがある。賃金の消滅時効が徐々に延長されている現在、企業が自社の固定残業代制度の有効性を確認しておく必要性は高い。

弁護士
結城　優
（ＡＴＯＺ法律事務所）

事件の概要

Y社は、建物リフォームの企画、立案、施工等を営む株式会社である。Xは、令和2年4月1

日付でY社に雇用され、営業部に配属された。基本的な業務の内容は、飛び込み営業で各家庭を訪問してリフォームを勧める、というものであった。

Y社の就業規則では、始業時刻は午前9時、終業時刻は午後6時で、正午から1時間の休憩時間が設けられていた。また、土曜、日曜及び祝日が休日とされていた。

Xの賃金は、基本給月額20万円、営業手当10万円、住宅手当3万円の月額33万円であった。入社前にY社から交付された労働条件通知書には、「営業手当には、一日約3時間の残業見合い給が含まれます」と記載されていたが、入社日にサインした雇用契約書には、営業手当については金額のみが記載されていた。また、Y社の賃金規程には、「営業手当は外回りの営業社員に支給するものとし、時間外労働手当が含まれるものとする」とのみ記載されていた。

Xのよくある一日の流れとしては、朝は遅くとも午前8時頃までには出勤して事務所の鍵を開け、掃除をするなどした後、外回りの営業に出掛け、午後7時過ぎに帰社し、日報を書いたり、翌日の営業の準備をしたりして、勤務を終えるのは、早くても午後9時過ぎであった。

Xは、一日3時間を超える残業を恒常的に行っていたが、Y社から営業手当以外に残業代が支払われたことは、入社以来一度もなかった。

退職した社員から突然の内容証明

令和5年1月、Xは、Y社の代表取締役社長であるAに対し、入社から丸3年となる令和5年3月末で退職したい旨を伝え、Aは人手不足もありXを慰留したが、Xの意思は固く、最終的に令和5年3月末日付で退職となった。

令和5年4月、退職したはずのXからY社に内容証明郵便が届いた。Aが内容を確認すると、「令和2年4月分から令和5年3月分までの3年分の未払残業代とその遅延損害金を請求します。支払われない場合は訴訟提起も検討しています」という内容であった。

突然の内容証明郵便に驚いたAだったが、「営業手当として一日3時間分の残業代は支払っているし、それほど大事にはならないだろう」と思いつつ、念のため、知り合いの弁護士に相談してみることにした。

Aは、Xから届いた内容証明郵便とともに、雇用契約書やY社就業規則、賃金規程を持参して弁護士のもとへ法律相談に行ったところ、弁護士からは、「御社の営業手当は固定残業代として無効と判断される可能性があります。この場合、せっかく支払った営業手当分の割増賃金は不払いであったことになるうえに、未払残業代の計算において、御社の営業手当は基礎賃金から控除できない可能性があります。今は賃金の消滅時効は3年に延びていますから、未払残業代は100万円単位になる可能性もありますよ。Xさんへの対応はもちろん必要ですが、今後のためにも、雇用契約書や賃金規程の記載から見直しを行ったほうがよいでしょう」と言われてしまった。
「そういえば、Xと仲が良かった同期の営業社員Zも来月退職予定だ。Zからも同じような請求が来たら、会社の資金繰りは大丈夫だろうか……」と、Aは弁護士の話を途中から上の空で聞きながら、突如として経営の不安とプレッシャーを感じ始めていた。

課題解説

●固定残業代について

(1)固定残業代の種類

一般に、固定残業代の支払方法としては、**「組込型」**と**「手当型」**の2種類があります。組込型とは、基本給の中に通常の労働に対応する賃金と併せて割増賃金を組み込んで支払う方法をいいます。手当型とは、基本給とは別に支払われる定額の手当の支給によって支払う方法をいいます。いずれの支払方法についても、支払方法自体が労働基準法第37条に違反するものではありません（医療法人康心会事件・最二小判平成29年7月7日集民256号31頁・労判1168号49頁、日本ケミカル事件・最一小判平成30年7月19日集民259号77頁・労判1168号5頁）。

本事案は、営業手当で残業代を支払うという手当型の事案であるため、以下、手当型を中心に解説します。

(2)明確区分性と対価性の要件

固定残業代の有効要件は、**①明確区分性の要件**と**②対価性の要件**の2つが必要と解されており、具体的には、①通常の労働時間の賃金に当たる部分と割増賃金の部分とが判別できること、②割増賃金の対価の趣旨で支払われていることの2点が必要です。

①明確区分性の要件が求められる理由は、定額残業代の金額が、労基法所定の方法で算定される割増賃金の額を下回らないかを労働者が検証できるようにするためです。こうした理由からすれば、手当型の場合、基本的には金額の明示があれば十分であり、対応時間数の記載までは必須ではないと考えられます。もっとも、明確区分性について厳格に解する有力な見解や裁判例も存在するため、実務上は対応時間数まで明示しておいたほうが無難といえます。なお、明確区分性は組込型で問題となるケースが多いのですが、手当型で問題となることもあります。

対価性の要件については、最高裁判決（前掲日本ケミカル事件）において、「雇用契約においてある手当が時間外労働等に対する対価として支払われているものとされているか否かは、雇用契約に係る契約書等の記載内容のほか、具体的事案に応じ、使用者の労働者に対する当該手当や割増賃金に関する説明の内容、労働者の実際の労働時間数等の勤務状況などの事情を判断してすべきである」と判示されています。そのため、雇用契約書や就業規則等の記載や、入社時の説明、実際の勤務状況、差額精算の状況等を総合的に勘案して判断されると考えられます。手当型においては、対価性の要件が問題となるケースが多いといえます。

⑶固定残業代に組み込む時間の上限

明確区分性や対価性の要件とは別に、固定残業代として組み込まれる時間数が過剰な場合には、公序良俗違反（民法第90条）として、無効と判断されることがあります。

例えば、ザ・ウィンザー・ホテルズインターナショナル事件（札幌高判平成24年10月19日）では、調理人（パティシエ）である従業員に支給していた95時間分の職務手当（定額残業手当）について、「このような長時間の時間外労働を義務付けることは、労働基準法第36条の規定を無意味なものとするばかりでなく、安全配慮義務に反し、公序良俗に反する恐れさえある」として、当該職務手当は「労働基準法第36条の上限として周知されている月45時間分の通常残業の対価として合意され、支払われたものと認めるのが相当」と判断されています。

こうした裁判例からすれば、固定残業代に組み込む時間は、特別な事情がない限り、**三六（サブロク）協定**（P65コラム参照）により許容される月の時間外労働の原則的上限である45時間以内で設定するのが適切であると考えられます。

⑷固定残業代が無効と判断された場合の効果

固定残業代が無効と判断された場合、まず、当該固定残業代分の割増賃金は不払いとして扱われることになります。

また、割増賃金の計算に際して、当該固定残業代を「基礎賃金」（労基則第19条1項）から控除することができなくなります。基礎賃金とは、例えば月給制においては、基本給と諸手当の合計額を、月の所定労働時間数で割った金額のことであり、これに割増率を乗じたものが割増賃金になります。

さらに、固定残業代が無効と判断された場合、訴訟においては「付加金」（労基法第114条）が命じられる場合もあります。付加金とは、使用者が労働者に一定の金銭を支払っていない場合に、裁判所がその金額と同一額の支払いを命ずることができる制度で、例えば、500万円の未払残業代があると判断された場合に、未払残業代とは別に、最大500万円の付加金の支払いを裁判所から命じられる可能性があります。

●本事案の検討

本事案について、固定残業代の要件を検討してみましょう。

まず、明確区分性の要件（通常の労働時間の賃金に当たる部分と割増賃金の部分とが判別できること）について、本事案はいわゆる手当型のため、一見問題がないようにも思えます。しかしながら、労働条件通知書の「営業手当には、一日約3時間の残業見合い給が含まれます」との記載や、賃金規程の「営業手当は外回りの営業社員に支給するものとし、時間外労働手当が含まれるものとする」との記載は、全く問題がないとはいえません。すなわち、「一日約3時間」や「含まれる」といった表現からは、営業手当のうちいくらが残業代見合いなのかが曖昧で不明確な記載といわざるを得ず、明確区分性の要件を満たさないと判断される可能性があります。

次に、対価性の要件（割増賃金の対価の趣旨で支払われていること）についてですが、営業手当という名称自体が残業代見合いの手当なのか不明確ですし、前述の賃金規程の記載からは、営業手当（の全額）が割増賃金の対価の趣旨で支払われているといえるかには疑義があります。また、雇用契約書には、そもそも固定残業代に関する記載は一切ありませんでした。

さらに、Xは一日3時間を超える残業を恒常的に行っていましたが、Y社からは一度も差額精算が行われた実績がないことなども踏まえれば、対価性の要件についても満たさないと判断される可能性があります。

この点、本事案と類似の事案であるナカヤマ事件（福井地裁平成28年1月15日労判１１３２号5頁）においても、雇用契約書や賃金規程において営業手当でまかなわれる時間外労働が明確になっていない点等を指摘したうえで、労働者である原告の時間外労働全部について、時間外労働賃金の支払いを受けることができると判断しています。

さらに、本事案では、営業手当は一日あたり約3時間の残業見合い給であるとされているところ、Y社では土曜、日曜及び祝日が休日とされていることから、当該営業手当は月60時間を超える残業見合い給であるといえます。この点のみをもって直ちに公序良俗違反と判断されるわけではないと考えられますが、前掲のザ・ウィンザー・ホテルズインターナショナル事件等の裁判例の傾向からすれば、月45時間を超える時間設定については、固定残業代として無効との判断に傾く要素として考慮される可能性があります。

以上のとおり、Y社における営業手当は、固定残業代として無効と判断される可能性が高いと言わざるを得ません。

この場合、Xに支払ってきた営業手当は残業代として不払いであるとされることに加えて、未払残業代の計算においては、営業手当も基礎賃金に加えて計算されることとなります。また、訴訟となった場合には、裁判所から付加金の支払いが命じられるリスクもあります。

教訓と対策

以上のとおり、固定残業代が無効と判断された場合には、当該固定残業代分の割増賃金が不払いであったことになるだけでなく、当該固定残業代は未払残業代の計算に際して基礎賃金から控除できなくなることに注意が必要です。これに加えて、遅延損害金や付加金まで支払わなければならないこともあります。

また、未払残業代の請求は、本事案の最後で社長Aが懸念しているように、複数の社員（退職社員を含む）から同時に請求されることや、一人の社員の請求を皮切りに連鎖するようなケースも珍しくありません。

●賃金債権消滅時効は5年に

さらに、従前、賃金債権の消滅時効は2年間とされていましたが、労働基準法の改正により、令和2（2020）年4月1日以降が支払期日となる賃金債権については、消滅時効が3年となりました（労働基準法第115条、第143条第3項）。そして、この3年もあくまで経過措置であり、今後、賃金債権の消滅時効は5年になっていくと予想されます。

このように、未払残業代の問題は、今後ますますキャッシュインパクトが大きくなり、最悪のケースでは企業は倒産を余儀なくされることもあります。

企業側の対策としては、固定残業代（手当型）を導入、運用する場合には、雇用契約書等で当該固定残業代の金額を明記することは必須で、加えて、当該固定残業代が時間外労働何時間分相当であるかも明示しておくことが望ましいといえます。その際、特別な事情がない限り、設定する時間数は月45時間以内としておくべきです。

また、就業規則や賃金規程においても、当該固定残業代は残業代見合いであることを明記しておきましょう。さらに、「営業手当」や「業務手当」など、一見して残業代見合いの手当であると分かりづらい名称はできる限り避け、「固定残業手当」や「時間外勤務手当」などの名称にすることをお勧めします。当然ながら、実際に固定残業代を超える時間外労働が生じた場合には、きちんと差額精算を行うことも重要です。

コラム05

三六協定

中村　博

労働基準法上の法定労働時間は、原則として1日8時間・1週間40時間以内です。この法的な制約を超えて労働者に労働をさせるには、使用者と労働者が、労使協定を締結するとともに、所轄労働基準監督署長への届出が義務付けられています。このような労使協定を「三六（サブロク）協定」といい、労働基準法第36条（注1）を根拠とすることからこのように呼ばれます。

そして、三六協定では時間外労働を行う業務の種類や、1日、1か月及び1年当たりの時間外労働の上限などを決める必要があります。平成30年には労働基準法が改正され、三六協定で定める時間外労働に罰則付きの上限（単月45時間・年360時間）が設けられ、臨時的な特別の事情がなければこれを超えることはできず、中小企業もこのルールの適用を受けることになります。

ただ、臨時的な特別の事情があって労使が合意する場合でも、年720時間、複数月平均80時間以内（休日労働を含む）、単月100時間未満（休日労働を含む）を超えることはできず、また、単月45時間を超えることができるのは、年間6か月までとなり注意が必要です。

＊1　労働基準法 第36条1項
使用者は、当該事業場に、労働者の過半数で組織する労働組合がある場合においてはその労働組合、労働者の過半数で組織する労働組合がない場合においては労働者の過半数を代表する者との書面による協定をし、厚生労働省令で定めるところによりこれを行政官庁に届け出た場合においては、第三十二条から第三十二条の五まで若しくは第四十条の労働時間（以下この条において「労働時間」という。）又は前条の休日（以下この条において「休日」という。）に関する規定にかかわらず、その協定で定めるところによつて労働時間を延長し、又は休日に労働させることができる。

コラム 06

割増賃金と割増率

結城　優

労働基準法第32条では、「使用者は、労働者に、休憩時間を除き1週間について40時間を超えて、労働させてはならない」「使用者は、1週間の各日については、労働者に、休憩時間を除き一日について8時間を超えて、労働させてはならない」と定められています。これを「**法定労働時間**」といいます。なお、使用者が就業規則等で定める「**所定労働時間**」（始業時刻から終業時刻までの時間から休憩時間を除いた時間）とは異なる概念であることには注意が必要です。

また、同法第35条では、「使用者は、労働者に対して、毎週少なくとも1回の休日を与えなければならない」と定められており、この週1日の休日を「**法定休日**」といいます。なお、使用者が就業規則等で定める「**所定休日**」とは異なる概念です。

以上のとおり、使用者は、法定労働時間を超えて、または法定休日に労働をさせることはできないのが原則です（以下、法定労働時間を超える労働を「**時間外労働**」、法定休日における労働を「**休日労働**」と呼びます。）。

もっとも、同法は、同法第36条で定める労使協定（一般に「**三六協定**」と呼ばれるものです。P65コラム参照）を締結・届出することで、例外的に時間外労働・休日労働をさせることができるとし、また、この時間外労働や休日労働（および深夜労働）に対しては、**割増賃金**を支払わなければならないと定めています（同法第37条）。

割増賃金の計算式は、同法施行規則第19条1項に定められており、月給制の場合には、（1か月の基礎賃金÷1か月の所定労働時間数）×時間外労働時間数×割増率によって計算されます。

割増率については、時間外労働（一日8時間以上または週40時間以上）は25％、休日労働は35％、深夜労働（午後10時～午前5時）は25％と定められており、例えば時間外労働かつ深夜労働の場合には、合計50％の割増率となります。また、1か月60時間を超える時間外労働について、その部分の割増率は50％とされています。

なお、中小企業は、令和5年3月31日までは、1か月60時間を超える時間外労働について、その部分の割増率は25％とする旨の経過措置がありましたが、現在は中小企業であっても割増率は50％とされていますので注意が必要です。

05
解雇

とんでもない問題社員。適法な解雇のために会社はどう対応すべきか？

弁護士
横澤 英一
（さくら共同法律事務所）

勤務する社員が、勤務時間中に会社貸与のパソコンで、業務に関係のない将棋やゴルフ、野球等のウェブサイトを長時間・長期間にわたって閲覧・視聴していたことが判明した。会社は度々口頭で注意したが聞く耳を持たなかったため、この社員を普通解雇した。ところが、逆に社員から訴えられた裁判で、解雇は無効と判断されてしまった。

問題社員の解雇を適法に行うためにはどのように対応すべきか？ 同様の事案を複数取り上げ検討する。

事件の概要

●事案(1) 勤務中、長期間にわたりウェブサイト閲覧

Y社は、ボートレースの映像や情報を制作し、配信及び放送を目的とする事業会社である。X

は、平成5年2月からY社に正社員として採用され、主にコールセンターで勤務していた。

Xは、遅くとも平成27年以降、業務時間中、CS監視用モニターに野球中継、ワイドショー番組等を映して視聴し、令和元年9月にも、業務用パソコンを用いて、個人的な趣味であるゴルフ、テレビドラマ等のウェブサイトを閲覧していた。さらに、令和2年4月から同年6月までは一日平均5時間17分、同年7月から9月までは一日平均4時間56分、同年10月から12月までは一日平均7時間39分、同様に業務用パソコンを用いて、ゴルフ、将棋、野球等のウェブサイトを閲覧していた。このように、勤務日にXは、長時間・高頻度で、ほとんど一日中、業務とは関係ない個人的な趣味のウェブサイト閲覧に時間を費やしていた。

Y社はXに対し複数回にわたり口頭で注意したものの、聞く耳を持たなかったため、Xを普通解雇した。ところが、逆にXから解雇は無効と訴えられた。

裁判所は、Y社がXに対して、CS監視用モニターで野球中継等を視聴することを禁じ、業務とは関係ない個人的な趣味のウェブサイト閲覧について注意指導してきた経緯を認めるには足りないとした。

Y社は8回にわたりXを指導したと主張したものの、裁判所は、Y社がXに対し8回にもわたり注意指導をしたにもかかわらず、一度も書面等をもって注意指導した経緯はなく、戒告等の人事上の措置も講じたことがないということから、結局、Y社がXの問題行動について具体的にどのような注意指導を行ったか明らかではなく、上記注意指導の経緯を認めることはできないと判断した。

最終的に裁判所は、Xの上記ウェブサイト閲覧については、従前の指導注意にかかわらず同様の行為を繰り返したとまではいい難く、またY社における秩序を乱し、重大な事故を発生させたり、著しく業務運営を妨害したりしたとまではいえないとし、普通解雇事由である「再度」「再々度」の就業規則への違反行為等に該当せず、解雇は違法無効と判示した（東京地判令和4年11月4日）。

●事案(2)　他の労働者への暴力行為

B法人は、病院等を経営する医療法人である。Aは、平成20年8月、B法人に正規職員として入職し、B法人が経営する病院において外科医師として勤務していた。

Aは、平成27年5月11日以降、病院の職員に対し、複数回にわたって平手で両頬を殴打するなどの暴力行為を行った。これらは職員からの3回にわたる投書により明らかとなったが、B法人は平成28年8月15日に、看護部長からAに対し暴力行為をしないよう注意するのみであった。

その後、Aが定年を迎えたため、AとB法人は定年後再雇用契約を締結した。ところが、平成28年10月3日、Aは同病院に勤務するC医師に対し、8枚程度の紙を丸めた資料で頭部を叩く暴力を行った。B法人はAの暴力行為につき調査し、事実の確認がとれたため、平成27年5月11日以降のAの暴力行為等を理由に、平成29年1月29日に同人を解雇したところ、AがB法人に対し、解雇は違法無効であると主張し訴訟を提起した。

裁判所は、Aが、複数回にわたって本件病院の職員に対して暴力行為をしたことは認めた。しかし、B法人がAに対しAの本件病院の職員に対する暴力行為について注意指導を行ったことはなかったこと、特に、Aは本件暴力行為について、B法人からの指摘を受けて、真摯に反省していたことがうかがわれることから、解雇事由である「服務規律等にしばしば違反し、改悛の情がないとき」に該当しないと判示した。

また、Aには、これまで懲戒処分歴がなく、他方でB法人は職員からの投書によって、暴力行為を認識したにもかかわらず、その後、速やかな調査や検討を行うことなく、Aとの契約関係を解消することもなかった。従前の労働条件と同様の内容で、定年後再雇用契約を締結したことなども踏まえると、Aによる暴力行為は、その回数や態様において、不適切かつ軽率なものであり、上記各行為は、いずれも懲戒処分に値するものであるとは認められるものの、その後のB法人の対応からは、Aに有利な事情を十分に斟酌したうえで、Aの処遇を決定することも十分に可能であったとも考えられ、Aを直ちに解雇することについては、「やむを得ない事由」（労働契約法第17条1項）があったとは認め難いと判示した（大阪地判平成30年9月20日）。

事案(3)　中途入社社員の成績不良

H社は、高精密ガスフィルター及びその保護搬送容器等の設計、製造及び販売等を目的とする株式会社である。Gは、平成24年2月、H社に正社員として入社し、同社においてガスフィルター関連の商品開発業務に従事していた。

H社は平成23年10月頃、ガスフィルターの開発設計技術者の中途採用を募集していたところ、Gがこれに応募し、3回の面接を経て入社した。なお、H社はGに対し、平成24年2月から25年1月まで研修を実施、技術文書の作成に関する通信講座を受講させ、ガスフィルターに関する筆記テストを実施したが、Gの正答率は38・97%であった（新人技術者の想定回答率は80%）。

その後H社は10回のプレゼンテーション研修を実施し、平成25年6月26日にGを開発プロジェクトに参加させたが、同プロジェクトでのGの評価は3段階評価のうち一番下で、プロジェクト自体も全体で7工程8か月かかる作業のうち、6か月で3工程しか終わらない状況であった。その後もプロジェクトにGを参加させたが、6週間かけて終わらせるべき作業を、3か月経っても終わらせることができなかった。

H社はGの業務遂行能力が不足しているものと判断し、平成26年4月24日付で同人を解雇した。これに対し、GがH社に対し、解雇は違法無効であるとして訴訟を提起した。

裁判所は、本件労働契約でGに求められる業務遂行能力の内容・水準について、募集要項の「必須」欄に、「大卒以上（機械工学専攻）」「金属部品の機構設計経験がある」こと、「歓迎」欄に、「半導体向けガス装置あるいは部品の設計経験のある方」との記載があった点等を考慮し、採用後直ちにガスフィルターの開発設計に対応できる即戦力までは求められず、H社が予定した研修を経たうえでガスフィルター開発設計の業務を担当できる程度の能力が求められていたものと認められると判示した。

その上でGの能力不足について、筆記テストは内部でH社が作成したテストに過ぎず、客観性に乏しいため、これを能力の欠如の判断に用いることはできないこと、Gのジョブグレードが3程度（基本的な仕事は一人でこなせるが、難しいプロジェクトは上司のアドバイスを基にこなせる程度）であり、プロジェクトの遅延の責任すべてがGにあるとはいえないことなどから、本件労働契約上求められる業務遂行能力の欠如までは認められず、解雇事由である「職務の遂行に必要な能力を欠き成績が著しく劣り改善の見込みがなく、且つ他の職務に転換する事ができない場合」に該当しないため、本件解雇は違法無効である旨を判示した（東京地判平成28年8月30日）。

課題解説

これらの3事案は、いずれも問題社員の解雇であり、一般的には解雇をしても適法とされそうです。しかし実際には、解雇権濫用法理（P80コラム参照）に照らし解雇が違法と判断されてしまいました。裁判所はどのような点に着目し、解雇を違法と判断したのでしょうか。

●事実認定されなかった注意指導

まず事案(1)では、会社側が、労働者が一日中業務とは関係ない個人的な趣味のウェブサイト閲覧に時間を費やしたことが、解雇事由である「再度」「再々度」の就業規則への違反行為等に該当すると主張しました。

裁判所は、労働者が、令和2年4月以降、長時間・高頻度で業務用パソコンを用いて、個人的な趣味であるゴルフ、将棋、野球等のウェブサイトを平均5時間以上閲覧していた事実を認定し、就業規則の「業務外の理由での会社の施設、設備等の使用又は持ち出し」「コンピュータ及び周辺機器を業務外の目的で使用しないこと」「私的に社内電子メールやインターネットを利用しないこと」に違反したと認めています。

しかし、会社が労働者に対し、8回にもわたり注意指導をしたという事実を認定しませんでした。実際に会社が労働者に注意指導したのか否かは分かりませんが、会社が労働者に一度も書面等をもって注意指導した経緯がなく、戒告等の人事上の措置も講じたことがないということを理由に、注意指導の経緯を認定しなかったのです。結果として、「従前の指導注意にかかわらず同様の行為を繰り返したとまではいい難く」、解雇事由のうち、「再度」「再々度」の就業規則への違反行為等には該当しないため、当該解雇は違法であると判示したのです。

事案(2)では、法人側が、労働者が複数回にわたって平手で両頬を殴打するなどの暴力行為をしたことが、解雇事由である「服務規律等にしばしば違反し、改悛の情がないとき」に該当すると主張しました。

裁判所は、労働者が他の労働者に対し複数回にわたり暴力行為をした事実を認めています。しかし、「改悛の情がないとき」とは、「注意指導を受けたにもかかわらず、これを悔い改める気持ちや言動が認められない場合をいうのが相当」としたうえで、法人が労働者に対し、注意指導を行ったことはなく、労働者も真摯に反省していたのであり、改悛の情がないとはいえないと認定しました。また、このような暴力行為を法人が認識していながら、法人が労働者に対し懲戒請求等を行わなかった点や、労働者を定年後再雇用してしまった点も、解雇を違法無効と判断した理由として掲げています。

●能力レベルの判断は適当か

事案(3)では、会社側が、労働者が中途採用時に求めていた業務遂行能力のレベルに達していないことが、解雇事由である「職務の遂行に必要な能力を欠き成績が著しく劣り改善の見込みがなく、且つ他の職務に転換する事ができない場合」に該当すると主張しました。

しかし、裁判所は募集要項の記載から、会社側が主張するような高度の能力が期待されるものではなく、また、プロジェクトの遅延の責任すべてが労働者にあるわけではなく、労働者がプロジェクトにおいてすべての責任を背負わされるほどの役責を有しているともいえず、さらに知識や能力の見込みがあるかを判断するための十分な機会を与えられているとはいえないため、解雇事由に該当せず、当該解雇は違法であると判示しています。

教訓と対策

●迅速丁寧な対処が肝要

上記3つの事案に共通して言えること、それは、会社が、労働者が問題行動を起こした時点で迅速かつ適切に対処せず、また、適切に対処したとしても証拠を残さずに解雇を行い、結果として解雇が違法と判断されていることです。

事案(1)では、裁判所が労働者の問題行動を詳細に認定したのに、会社が労働者に注意指導をしたという事実を認定せず、解雇を無効としました。会社が労働者に対し、書面で注意指導をしていれば、裁判所は会社が労働者に対し注意指導をしていた事実を認め、就業規則への「再度」

「再々度」の違反行為等を認定し、解雇は適法であると判示した可能性が高いといえます。

また、書面による指導をしたにもかかわらず、ウェブサイトの閲覧行為をやめない場合には、戒告の懲戒処分を出すことも検討の余地があったでしょう。就業時間の大部分をウェブサイトの閲覧に費やし、かなり悪質な態様であるにもかかわらず、書面による注意指導さえも怠った会社の対応には大きな問題があったといえます。

事案(2)でも、労働者が他の労働者に対して暴行を加えるというそれだけで悪質ともいい得る事実を認定したのに、法人が注意指導をした事実がない点を考慮し、解雇を無効としました。法人が投書により暴力行為を把握した時点で、法人の代表者が適切に指導をしていれば、法人が注意指導をした事実が認定され、結論が変わり得たといえます。

加えて本件では、労働者を定年後再雇用してしまった点も大きな問題です。暴力行為を認識していたにもかかわらず、法人が労働者を再雇用してしまった場合、法人が労働者の暴力行為を容認していたとも判断されてしまいます。

事案(3)は、他の事件とやや性質が異なりますが、労働者の能力不足が判明した際の対応が不十分であった点で共通しています。特に、専門的な能力や技術を欠いているという主張は、裁判所に専門的な能力や技術についての知識がないため、裁判所に伝わりづらいのが一般的です。そのため、他の事案と比較しても、裁判所を説得するために、より丁寧に対応し、証拠を押さえておく必要があります。

例えば、内部で独自に用意した試験ではなく、一般的に活用されるような試験を活用し、一度ではなく複数回の試験を実施する、フィードバック面接を実施し、その都度、面談結果を書面に記録しておくなどの方法が考えられます。さらに、中途採用者の場合は、会社が要求していた水準を明らかにするため、募集要項により明確に求められる水準を記載しておくべきでしょう。

●巨額のバックペイも

解雇が無効となった場合、会社は労働者に対しバックペイ（解雇期間中に労働者が勤務していたら支払われていたはずの賃金）を支払わなければなりません。

例えば月給60万円の労働者を中途採用し、この労働者が問題行動を起こしたため解雇したところ、労働者から解雇無効の訴えを提起されたとします。訴訟が提起され、判決が出るまでは大体1年程度かかります。審理の結果、裁判所が解雇は無効である旨の判決を出した場合、会社は実に720万円（60万円×12か月）のバックペイを労働者に支払わなければなりません。控訴された場合には、判決が出るまでにさらに半年から1年程度かかりますので、バックペイの額も必然的に大きくなります。この点については、実務においても会社側が理解していないことが多いので、労働者から解雇無効の訴えが提起された場合には、念頭に置く必要があります。

●適法な解雇は日々の積み重ね

これら3事案で示したように、労働者が一見して解雇事由に該当するような問題行為を起こしても、それだけで解雇が適法になるものではありません。重要なのは、社員が問題行為を起こしたときに、迅速かつ適切に対応することなのです。適法な解雇は日々の積み重ねであり、一見して解雇事由に該当するような問題行為であっても、決して思いつきで解雇してはいけません。

問題行為が起きたのであれば、その時点で適切に指導を行い記録に残しておき、指導を重ねても改善しないのであれば、戒告等の懲戒処分を行うなど再三にわたる指導を行い、十分に記録を整えたうえで、初めて解雇を行うべきなのです。この機会に、会社内でも、問題行為が起きた際にどのように対応するか、また、どのように証拠を残すのか再考する機会を設けてはいかがでしょうか。

コラム07

解雇権濫用法理

横澤 英一

労働者の解雇を規制する法理は、解雇権濫用法理と呼ばれ、労働契約法第16条にその規定が存在します。

＊労働契約法第16条

「解雇は、客観的に合理的な理由を欠き、社会通念上相当であると認められない場合は、その権利を濫用したものとして、無効とする」

この規定のとおり、企業が労働者を解雇するためには、**客観的合理性**と、**社会的相当性**が必要となります。

まず、客観的合理性とは、労働者の労働能力の欠如、規律違反行為の存在、経営上の必要性等の事由が存在することを指します。もっとも、労働者が常時10人以上在籍する企業では、就業規則において客観的合理性のある解雇事由が定められているはずなので、通常はこの解雇事由に該当するかによって判断されることになります。

社会的相当性については、解雇事由の内容・程度、労働者側の情状等を総合的に考慮し、労働者に雇用喪失という不利益を被らせるのが相当であるか否かにより判断されます。

なお、有期雇用労働者を期間途中で解雇する場合にも、同様の観点から解雇の適法性が判断されますが、有期雇用契約の場合は、期間内まで雇用されるという労働者の期待を保護する必要性が高いため、より厳格に判断される点に注意が必要です（労働契約法第17条）。

従って、企業が労働者を解雇するには、まずは解雇対象の労働者が就業規則上のどの解雇事由に該当するのかについて検討する必要があります。ところが多くの企業で、その就業規則に記載されている解雇事由が抽象的なことが多いのです。

例えば「勤務状況が著しく不良で、改善の見込みがなく、労働者としての職責を果たし得ないとき」という解雇事由が定められていたとしても、労働者が遅刻欠勤を何回行ったら「勤務状況が著しく不良」といえるのか、何回指導をして改善しなかったら「改善の見込みがない」といえるのか、判断が難しいところです。仮に解雇事由に該当したとしても、社会的相当性というさらに抽象的な概念への該当性が問題となりますので、適法に解雇を行うハードルはさらに高くなるのです。

＊労働契約法第17条

「使用者は、期間の定めのある労働契約について、やむを得ない事由がある場合でなければ、その契約期間が満了するまでの間において、労働者を解雇することができない」

整理解雇

髙津 陽介

会社が経営上の理由により人員削減を行う場合、勤務成績の不良、業務遂行能力の欠如など、従業員側に原因がある場合に比べて、前出の解雇や雇止めの有効性判断は、より厳しく判断される傾向にあります。長期雇用慣行が一般的な我が国において、従業員側の問題ではなく、会社側の事情で雇用関係を終了させようとする場面だからです。

具体的には、(1)人員削減の必要性があるか、(2)解雇回避努力を尽くしたか、(3)人選基準は合理的か、(4)きちんとした手続きを踏んだかという4つの観点から、客観的合理性・社会的相当性が判断されます。

(1) 人員削減の必要性

まず、経営不振などの理由から、人員削減の必要性があることが必要になります。典型的には、債務超過や赤字累積などに示される客観的な経営上の困難さがあり、それが故に人員削減やむなしという程度の必要性があることです。

人員削減が本当にやむを得ないものかどうかは、①どのような事実を、②どのように収集し、③それをどう分析して現状の認識に至ったのか、④その上でどうして人員削減が必要と考えたのかという判断プロセスが審査されます。そのため、財務諸表その他の客観的資料に基づき、これらの判断プロセスを説明できるようにしておくことが重要です。

「何となく先行きが不透明だから」という理由では当然認められません。また、「経営が厳しい」という理由に仮装して、「実は気に入らない従業員を指名解雇する」という事態も見逃してはもらえません。

(2) 解雇回避努力の履行

次に、人員削減という最終手段を採る前に、他に採ることができる策を検討したかが問われます。解雇や雇止めは雇用関係を終了させる措置で、従業員からすると、生活の糧である賃金を得られないという事態に陥ります。そのため、解雇や雇止めは最終手段となるはずで、雇用関係を終了させる方法での経営改善策以外にも、例えば、役員報酬の減額又は不支給、賞与の減額又は不支給、時間外労働等の削減、新規採用の停止、配転・出向・転籍などの人事措置、一時帰休、ワークシェアリング、希望退職者の募集などの策を採ったかが問題になります。もちろん、これら全てを採ることが求められているわけではなく、置かれている状況に照らして現実的に可能なものを検討すれば足ります。もっとも、逆に、解雇回避努力を一切せず、いきなり人員削減に踏み切った場合、ほとんどの場合で無効と判断されます。

(3) 人選基準の合理性

人員削減が必要であり、解雇回避努力を尽くしたとしても、実際に人員削減の対象となる者の選定について、①人選が客観的であること、②基準自体が適正であること、③基準の運用が適正であることが求められます。

この点について、「適格性の有無」という基準を用いようとする例がよく見られます。しかし、「適格性」「会社への貢献度」「経営方針に沿う者」などの基準では、極めて抽象的で、評価者の主観によって左右されやすいため、それだけでは合理性がないと判断される可能性が高いといえます。他方、遅刻・早退・欠勤の回数、休職歴、規律違反歴、年齢、勤続年数などを基準とすることは、客観的であるということができます。

なお、人事考課制度を基準とする例もよく見られます。人事考課制度は、一見、客観的なものに見えますが、結局、人事考課制度それ自体の客観性や適正さが問題になりますので、直ちにそれで万全という基準とはいえません。

(4) 手続きの相当性

また、会社は従業員に対し、人員削減の必要性、時期、規模、方法などについて十分に説明し、対象者と誠意をもって協議を行わなければなりません。説明や協議は、一方的に情報を伝えるだけでは不十分で、従業員から意見を聴き、誠実に協議することが必要です。語弊を恐れずにいえば、やりすぎではないかというくらい回数を重ね、説明内容も充実させ、整理解雇や雇止めを断行することなく、任意での退職に応じてもらうようにするのが理想的です。

06
労災

過労による労災発生や多額の損害賠償を防ぐために

弁護士
中村 仁恒
（弁護士法人ロア・ユナイテッド法律事務所）

ある日、社内で体調不良を訴えた社員が救急搬送され、その後亡くなった。後日、長時間労働による過労を疑った社員の遺族は労災申請を行い、認められた。そして、会社には遺族の代理人から、社員の死亡は会社の責任であり遺族に対して損害賠償義務を負い、さらに、社長個人にも1億円を超える損害賠償を求める旨通告がなされた。果たして会社の労務管理に問題はなかったか？ また、会社及び社長は、多額の損害賠償を負担しなければならないのか？

事件の概要

Y社は、従業員30名ほどの会社で、機械の開発、製造、販売及び輸出入を行っており、その主な取引先は、他の企業と個人の消費者である。従業員は、業務が忙しい場合には残業を行っている。Y社は、創業以来、タイムカードを設置しておらず、労働時間の把握は自己申告を基本としている。そのため、正確な時間外労働の把握は行われていない。自己申告した時間の承認を含め、労働時間を管理する最終的な責任者はA社長であった。

Xは、Y社に勤務する従業員で、営業に従事していた。Xの営業成績は平均をやや下回るくらいで、勤務態度や素行に特に問題はなかったが、他の従業員と比較して残業が多かった。Xは、ほぼ毎日残業し、プレゼン資料の作成、社内の他部署との連携、顧客からの質問やクレームの処理などを行っていた。また、早朝出勤して始業時間前に業務を開始することもあり、さらに、就業時間外に取引先や社内の別部署にメールを送信することもあった。社外にメールを送信する場合、社内ルールにより、上司をCCに入れていた。もっとも、日によって残業時間などにはムラがあった。A社長やXの上司は、Aが残業する姿や始業時間前に勤務する姿を見ることもあったので、Xがそのような働き方をしていることは認識しており、Xは残業時間が比較的多いと認識されていた。A社長や上司は、Xはやや非効率的なところがあるので、残業が比較的多いのもXの個人的な要因によるものであると考えていた。

もっとも、Y社では、残業する場合には事前に上司に届け出ることとなっていた。Xは承認を求めることもあれば求めないこともあった。そのためY社としては、承認した時間以外は残業には当たらないと考え、承認した時間を基に残業時間を計算すれば健康上問題が生じるほどの労働時間ではないと考えていた。ただし、承認した時間以外についても、Xが勤務していることや在宅勤務している事実自体は、Xの姿を目視したり、メールのやり取りを見たりして認識していた。とはいえ、実際にXがどれほど残業しているかは正確に把握しておらず、Xの残業の全貌も把握できていなかった。

ある日の勤務時間中、Xが体調不良を訴えた。Xの様子がおかしかったため、周囲の従業員が救急車を呼び、Xは救急搬送された。治療を受けたがその甲斐なく回復せず、Xは亡くなった。A社長及びXの上司は、Xの葬儀に参列し、Y社は弔慰金を支払った。

後日、Xの遺族は、Xの労働時間が長すぎたのではないか、そのせいで過労によって倒れたのではないかと考え、労災申請を行った。Y社は、労働基準監督署（労基署）の調査に協力して、資料の提出やヒアリングに対応した。A社長は、会社の記録上、Xの残業は過労死するほどではなく労災と認められることはないだろうと考えていた。

数か月後、Xの遺族が選任した代理人からY社に対して内容証明郵便が届いた。内容証明郵便には、労災申請が認められたこと、Xの死亡はY社の責任でありY社は遺族に対して損害賠償義務を負担しなければならないこと、さらに、A社長個人も遺族に対して損害賠償義務を負担しなければならない旨が記載されていた。A社長は労災と認められたことにも驚いたが、損害賠償の金額が1億円を超えていること、さらに、会社だけでなく自身も損害賠償義務を負うと主張されたことは予想外であった。A社長は、確かにXは残業していたが、過労死するほど働いてはいなかったはずであると思った。また、Xに過労死の危険が生じるほど働いてもらう必要もなく、仮にそこまでの長時間労働をしていたのであれば、会社としてXの労働時間を削減しておくべきであったと後悔した。

課題解説

●脳・心臓疾患発症に関する労災認定基準

厚生労働省は、**「脳・心臓疾患の労災認定基準」**（令和3年9月14日0914第1号、以下、「認定基準」といいます）を作成しています。認定基準によれば、発症前1か月間に概ね100時間以上または発症前2か月間ないし6か月間にわたって1か月あたり概ね80時間以上の残業が認められる場合には、業務と疾病発症の関連性が強い（労災と認められる可能性が高い）旨を規定しています。なお、ここでいう残業とは、1週間40時間を超える労働のことを指します。

過労による労災認定の判断においては、残業時間数が重要になりますが、その他、不規則な勤務、労働時間には当たらないが移動時間が多い業務、精神的・肉体的に負担が大きいと認められる業務に従事している場合などには、そうした負荷要因も踏まえて総合的に労災に該当するか否かが判断されることになります。

●労働時間はどのように算定されるか？

長時間労働の場合の認定基準の内容をご紹介しましたが、それでは、そもそもどのような時間が労働時間に当たるのでしょうか？

例えば、**所定労働時間**（注1）中に会社内で作業している時間が労働時間に該当することは間違いありません。また、所定労働時間終了後であっても、会社が明確に指示して残業を行う場合に、それが労働時間に該当することも疑いありません。それでは、使用者の具体的な指示がなく終業時間後に労働している場合はどうでしょうか。また、夜に残って残業をするのではなく、始業時間前に来て早朝に自主的に作業を開始した場合はどうでしょうか（始業時間前に労働することを早出残業などともいいます）。さらに、所定労働時間外に自主的に在宅勤務をした場合はどうでしょうか。

判例によれば、労働時間とは、**「労働者が使用者の指揮命令下に置かれている時間」**とされています（三菱重工業長崎造船所事件・最一小判平成12年3月9日民集54巻3号801頁）。そして、指揮命令の有無は、使用者が明示的に指示した場合だけでなく、黙示の指示の場合でも認められます。黙示の指示とは、労働者が仕事をしているのを把握したうえで、それを黙認しているような場合をいいます。

本件では、Y社が明示的に指示をしていなくとも、A社長やXの上司はXが終業時

＊1　所定労働時間
労働契約上の労働時間のこと。就業規則や労働契約などによって定められる。例えば、就業規則において始業時刻9時、終業時刻17時、休憩1時間となっている場合、所定労働時間は7時間となる。

間後に残業していること、早出残業をしていることを目視して認識していました。また、在宅で一定の仕事をしていることについても、Xのメールを把握したりしており、その認識はあったものといえます。そのため、本件では上記の時間は労働時間と認められる可能性が高くなります。Y社としては、目視して認識していた部分やメールで他の従業員が宛先となったり、CCに入っていたりする部分などが労働時間に当たることは避けられないとしても、それ以外にXが労働していたかは知らないし、仮に労働していたとしてもその部分は認識すらしていないから、労働時間に該当しないなどと主張することも考えられるところです。

しかしながら、Y社としては残業、早出残業や在宅勤務の一部については明確に認識しつつ、それを中止するように指導したりせず、Xにそうした業務をさせていた以上は、現にY社が認識していなかったXの労働についても、包括的に黙認していたものとして、労働時間に当たると認定されてしまう可能性は高いでしょう。

●残業承認制について

また、Y社としては、残業承認制をとっており、残業を承認していない以上は残業とは認められないと主張することも考えられます。こうした主張は、本件に限らず、訴訟の場でまま見られます。

しかしながら、裁判例は、残業承認制であるにもかかわらず、承認をとっていない残業であるから労働時間とは認められないという使用者側の主張を容易には認めません。

残業承認制をとっていたとしても、実態としては承認をとらずに残業を行うことが多くなっているような場合には、結局のところ使用者がそうした残業を容認しているものであるとして、承認がなくとも労働時間として判断されることになります。

他方で、残業承認制のルールが明確に定められており、かつ、運用も厳格になされている場合には、基本的には承認がない残業は労働時間とは認められないことになります。本件では、Y社には制度としては残業承認制がありましたが、それが厳格に運用されていたわけではないため、残業承認制を理由として労働時間該当性を否定することは難しいと思われます。

●脳・心臓疾患が労災認定された場合の会社のリスク

脳・心臓疾患が労災認定された場合、労働者は労災保険から療養費、休業損害、後遺障害を負ったことによる逸失利益や介護費用等の種々の給付を受けることができます。また、要件を満たす遺族は遺族給付を受けることができます。しかしながら、労災保険給付は労働者に生じた損害のすべてを補塡するものではありません。そのため、労働者は労災保険給付とは別に、会社に対して損害賠償請求を行うことが多いのです。労働者が過労死した場合や、重い障害が残った場合には、使用者の損害賠償額が1億円以上となることもあります。

過労で脳・心臓疾患を発症した場合、それに関して会社の**安全配慮義務**（注2）違反があったかが問われます。使用者には、労働時間を適正に把握したうえで、健康上の危険が生じるような長時間労働を抑止する義務があります。本件では、会社が残業を認識しながら、労働時間を適正に把握せずに、漫然と残業をさせていたと判断され、安全配慮義務違反が認められる可能性が高いでしょう。

●労働時間の把握義務

厚生労働省は、「労働時間の適正な把握のために使用者が講ずべき措置に関するガイドライン」を定めています。同ガイドラインでは、労働日の1日ごとに、①使用者が自ら現認して適正に記録するか、②タイムカード、ICカード、PC等の記録等の客観的な方法により、労働時間を把握することを原則としています。自己申告制をとらざるを得ない場合には、自己申告制をとることも許容されますが、その場合には、必要に応じて入退場記録やPCの使用時間の記録などと照合し、正確な労働時間に訂正することなどが求められています。

本件では、自己申告によって労働時間を把握していましたが、通常であればタイム

＊2　安全配慮義務
使用者が、労働者が健康で安全に働けるよう配慮すべき義務（労働契約法第5条）。労働者が負傷しないよう物的設備や作業手順を整備する、ハラスメントが生じないよう職場環境を整える、長時間労働等により健康を害さないよう配慮する義務などがある。

カードやICカードなどによって労働時間を把握することは可能であったものと考えられますので、やはり自己申告制ではなくタイムカードやICカードなどによって労働時間を正確に把握すべきでしょう。正確に労働時間を把握できていれば、過労にならないよう労働時間を調整することなどもできたはずです。

また、残業代との関係でも、使用者が労働時間を適切に管理する義務を怠っている場合、公平の見地から、証拠が必ずしも十分ではなくとも一定の労働時間が認定されたり、労働者側の断片的な証拠で労働時間が認定されたりする例もありますので、不利益に働くリスクがあります。

●役員の個人責任

安全配慮義務違反で責任を問われるのは、基本的には使用者（会社であれば会社）になります。しかしながら、取締役として労働時間の管理を行うなどし、具体的に長時間労働を認識していたか認識可能な状況で、それを容認して放置していたような場合には、取締役個人も損害賠償責任を負担する可能性があり、それを認めた裁判例もあります。本件では、Y社は従業員30名程度の会社であって、A社長は、Xの勤務を具体的に目視するなどしており、かつ、個人の労働時間管理を行う立場にあったため、役員としてA社長個人が損害賠償責任を負う可能性があります。

教訓と対策

過労によって従業員が脳・心臓疾患を発症して亡くなった場合や、重篤な障害が残る場合、会社には多額の損害賠償義務が発生するリスクが高くなります。また、Y社のような小規模な会社で、役員が具体的に労働時間を認識している（または認識できた）といった場合には、役員個人の損害賠償責任も認められる可能性があります。

上記のリスクを防ぐためにも、まずは労働時間を適切に把握することがスタートです。その上で、残業承認制を適切に運用する、または業務の分配を見直すなどして、過労により脳・心臓疾患が発症するような事態を防止する必要があります。従業員の健康維持のために、会社や役員個人が損害賠償責任を負わないために、ひいては会社の健全な発展のために、労働時間の適切な把握や管理を徹底しましょう。

以上に加え、昨今では職場内のハラスメント対策も大変重要です。例えば、従業員がパワーハラスメントやセクシュアルハラスメントなどの被害に遭い、ケガや精神障害を発症した場合、労災と認定される可能性があります。さらには、職場内でのいじめやパワハラなどが発生している場合、使用者責任を問われるリスクがあるほか、これを放置し必要な措置を講じないことで、雇用主が安全配慮義務違反により責任を問われる懸念があります。労災や損害賠償のリスクを最小化するためには、就業環境の適切な維持管理についても、経営者の責務と心得るべきです。

コラム 09

労働者性の判断基準

横澤 英一

法律上、労働者とは、「事業又は事務所に使用される者で、賃金を支払われる者」と規定されています（労働基準法第9条）(注1)。この中の「使用される者」は「指揮監督下の労働」、「賃金を支払われる者」は「報酬の労務対償性」と呼ばれ、これに該当しているか否かにより判断されます。

このうち、「指揮監督下の労働」は、一般的に以下の要素を基に判断されます。

・仕事の依頼、業務従事の指示等に対する諾否の自由の有無

具体的な仕事の依頼、業務従事の指示等に諾否の自由がある場合、指揮監督関係を否定するような重要な要素となり、諾否の自由がない場合は、指揮監督関係を肯定する重要な要素となる。

・業務遂行上の指揮監督の有無

業務の内容、遂行方法について具体的な指示を受けていることは、指揮監督関係を肯定する基本的かつ重要な要素となる。ただし、通常発注者が行うべき指示にとどまる場合には、指揮監督関係を肯定する要素にはならない。

・勤務場所、勤務時間の拘束性の有無

勤務場所及び勤務時間が指定・管理されていることは、一般的に指揮監督関係を肯定する要素となる。もっとも、業務の性質上必然的に勤務場所、勤務時間の指定が必要となる場合には、指揮監督関係を肯定する要素とはならない点に注意が必要である。

・労務提供の代替性の有無

本人に代わって他の者が労務提供をすることが認められていたり、本人が自らの判断によって補助者を使うことが認められていたりする場合には、指揮監督関係を否定する要素となる。

また、「報酬の労務対償性」については、一般的に以下のような要素により判断されます。

・報酬が時間給を基礎として計算される等労働の結果による較差《かくさ》が少ないか。

・欠勤した場合には応分の報酬が控除され、残業をした場合には通常の報酬とは別の手当が支給されるか。

以上に加え、労働者性の判断を補強する要素として、以下の事由が考慮されます。

・事業者性の有無

機械・器具の負担関係、報酬の額、業務遂行上の損害に対する責任、商号使用の有無等を考慮し、事業者性が認められた場合には、労働者性を否定する要素となる。

・専属性の有無

他社の業務に従事することが制度上制約されていたり、時間的余裕がなく、または事実上困難であったりする場合には、専属性が高く経済的に会社に従属していると考えられ、労働者性を肯定する要素となる。

＊1　労働基準法
第９条　この法律で「労働者」とは、職業の種類を問わず、事業又は事務所（以下「事業」という。）に使用される者で、賃金を支払われる者をいう。
第10条　この法律で使用者とは、事業主又は事業の経営担当者その他その事業の労働者に関する事項について、事業主のために行為をするすべての者をいう。
第11条　この法律で賃金とは、賃金、給料、手当、賞与その他名称の如何を問わず、労働の対償として使用者が労働者に支払うすべてのものをいう。

07 非正規雇用

有期雇用のアルバイト従業員を雇止めできるか?

A社では、業績が予想外に悪化したため、余剰人員となっているアルバイト（有期雇用）を複数名雇止めにすることにした。

アルバイトは非正規雇用なのだから話をすれば退職に応じてくれるだろうと高をくくっていたが、実際に雇止めを通告したところ、弁護士を選任して雇止めは無効だと主張してきた。

果たして雇止めは認められるだろうか?

弁護士
高津 陽介
（高津・平岡法律事務所）

事件の概要

大阪府で雑誌の制作販売業を営むA社は、正社員は5名、それ以外に常時10～15名のアルバイトを雇用していた。

A社の組織構成は、社長の下に、雑誌の作成を担う編集部、広告記事の作成やイベント事業を担う広告部、事務全般を行う総務部があった。上記正社員5名は、編集部に3名、広告部に1名、総務部に1名が配属されており、アルバイトが、編集部に8名、広告部に5名、総務部に2名という人員構成だった。

A社では、正社員は社長の縁故を頼り、また雑誌編集業務の経験者を中途採用していた。他方、アルバイトは、一般大衆向けの求人媒体にアルバイト募集の求人広告を出していた。そして、正社員には転勤や業務内容の変更が予定されていたが、アルバイトにはこのような配置転換は予定されていなかった。

A社がアルバイトを雇用する際は、各人との契約内容に応じて雇用期間は3か月~1年間に設定され、「労働条件通知書兼雇用契約書」を作成し、そこにそれぞれ期間の定めが記載されていた。また、アルバイトの雇用期間が満了する約1か月前には、次期の「労働条件通知書兼雇用契約書」を提示し、それに署名・押印させていた。

A社では、アルバイトの契約期間は3年までとするルールが存在しており、3年経過時にアルバイトから正社員への登用試験を行い、合格した者は正社員に登用される道が開かれていた。現にその試験に合格して正社員になった者もおり、他方、3年以内に退職した者もかなりの数存在していた。しかし、3年ルールが厳格に守られていたわけではなく、3年を超えて勤務しているアルバイトも複数名いた。

Xは、A社のアルバイトとして雇用され、入社以降、広告部に配属され、3回の更新を経て、勤続年数は通算3年が経過していた。業務内容は、広告記事の作成やイベントの運営などで、業務の実態として、正社員である上長の指示を仰ぐことはあるものの、ほぼ自分の判断で業務を遂行しており、その業務内容は誰でも行うことができる補助的・機械的業務とはいえなかった。また、Xが行っていたイベント運営業務のイベントには、Xが契約の満了時期を迎えても、翌年度も継続が予定されているものも含まれていた。

A社は、雑誌の売れ行きが伸びず、経営状態が極めて厳しくなったため、余剰人員である広告部のアルバイト3名を契約期間満了に伴い雇止めすることにした。そこで、Xを含む3名に雇用関係が終了する旨の通知をしたところ、X以外の2名は納得したが、Xは納得せず、弁護士を選任して、雇止めは無効であると主張してきた。

課題解説

●雇止め法理

雇用契約に期間の定めがある場合、契約期間が満了となれば、当然に雇用関係が終了となるはずです。例えば、契約期間が令和3年1月1日から令和3年12月31日と定められたのであれば、

原則

R3.1.1 ～ R3.12.31→R3.12.31 で終了

R4.1.1 ～ R4.12.31→R4.12.31 で終了

R5.1.1 ～ R5.12.31→R5.12.31 で終了

雇止め法理

R3.1.1 ～ R3.12.31→R3.12.31 で終了

R4.1.1 ～ R4.12.31→R4.12.31 で終了

R5.1.1 ～ R5.12.31→R5.12.31 で終了しない

令和3年12月31日を経過すれば自動的に契約は終了になるということです。次期以降は、当初の契約とは別の新たな契約を改めて締結し直すという位置付けになります。そして、この新たな契約に期間が設けられていれば、その期間が満了することで、この契約も自動的に終了となります。

しかし、労働法の世界では、一定の場合には、契約期間満了によっても直ちに契約が終了しない**「雇止め法理」**が規定されています。

この「雇止め法理」は、①反復して更新されたことで実質的に期間の定めのない労働契約と同視できるか（**実質無期型**）、または②更新されることに合理的期待が認められる場合（**更新期待型**）には、③契約期間満了日までに更新の申し込みがなされた場合、または④契約期間満了後遅滞なく契約締結の申し込みがなされた場合、⑤期間満了によって更新しないとすることに客観的合理的理由があり、社会通念上相

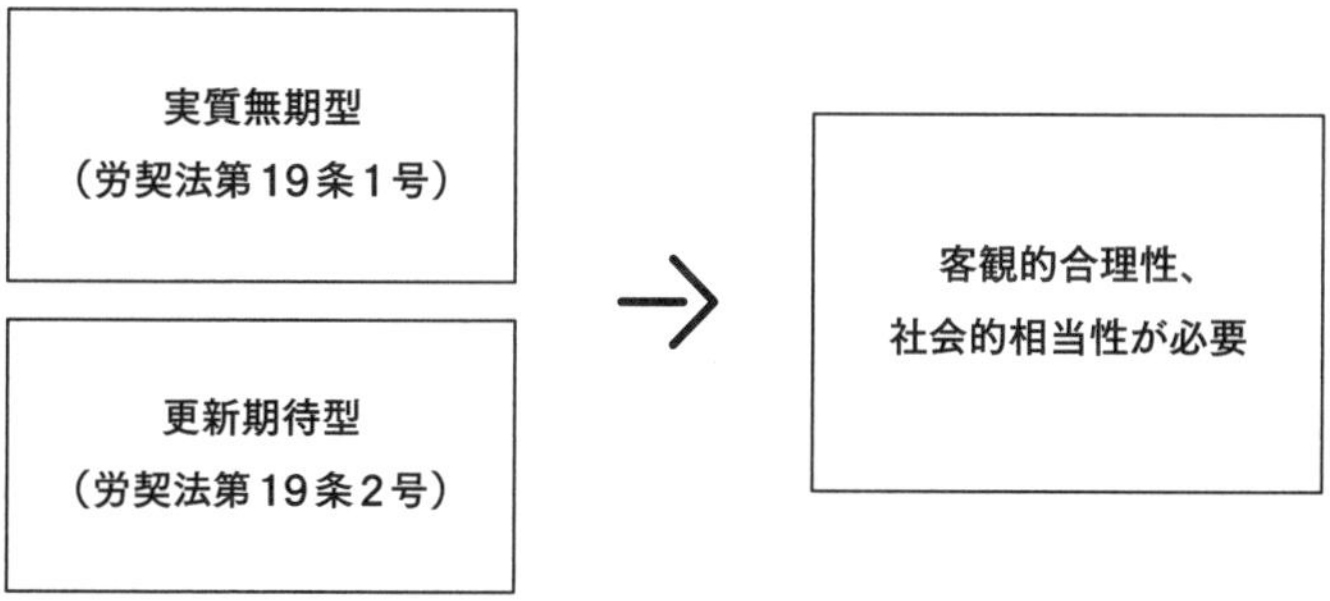

当であると認められない限り、雇止めができないというものです（労働契約法第19条）。

●実質無期型の判断

このうち、①の実質無期型に当てはまるか否かは、反復・更新の程度や更新管理がどのように行われているかによって判断されます。更新回数が多く、通算契約期間が長くなっていればいるほど認められやすくなります。また、雇用契約書や労働条件通知書が作成されておらず、契約期間が終了してもその後も漫然と就労を続けているようなケースで認められやすくなります。

●更新期待型の判断

②の更新期待型に当てはまるか否かは、業務内容、更新回数、通算期間、他の労働者の更新状況、使用者の言動などを総合的に考慮して判断されます。

このうち、業務内容が最も重要な判断要素で、従事する業務が当該会社の事業にとって恒常的・基幹的なものであれば、当該有期雇用も重要なものとなるので、更新期待を肯定する方向の事情として作用します。逆に、夏の期間にだけ出店するブースの店員などのような一時的なものであれば、当該有期雇用も臨時的なものとなるので、更新期待を否定する方向の事情として作用します。

更新回数、通算期間も重要ですが、更新管理が厳格に行われていた場合は更新期待が否定されることがあります。例えば、更新回数や契約期間の上限があらかじめ明示されていた場合には、それを超える更新については更新期待があるとは言いにくくなります。また、更新時に、契約は今季限りとし、次回は更新しない旨の不更新条項を明記し、使用者がそれを理由とともに十分に説明したうえで、労働者の合意を得たと認められれば、更新期待を否定する方向の事情になり得ます。

他の労働者の更新状況も重要で、同種の有期雇用労働者（契約社員やアルバイト）の更新が多数にわたっていれば更新期待は肯定されやすくなります。

また、使用者が更新されることを前提とする説明などを行っていた場合にも、当然、更新期待は肯定されやすくなります。

●客観的合理的理由・社会的相当性の判断

以上のとおり、①実質無期型か、②更新期待型に当てはまる場合、契約期間満了をもって直ちに契約終了とすることはできず、雇止めをするにあたって**客観的合理的理由**と**社会的相当性**が必要になります。この客観的合理性と社会的相当性という文言は、正社員を解雇する場合と同じ文言が用いられており（P80コラム「解雇権濫用法理」参照）、一般的にハードルが高いものとなります。

もっとも、正社員を解雇するのと全く同程度の厳格さが求められるわけではありません。なぜなら、有期雇用契約というのは、元々、使用者は柔軟な雇用調整ができることを期待して有期雇用労働者を採用しており、有期雇用労働者も、そうした雇用形態であることを予期してその雇用形態を選択している以上、正社員に比べて柔軟な雇用調整の対象となり得ることは双方認識していたということができるからです。

日立メディコ事件（昭和61年12月4日労判486号6頁）でも、「右臨時員の雇用関係は比較的簡易な採用手続で締結された短期的有期契約を前提とするものである以上、雇止めの効力を判断すべき基準は、いわゆる終身雇用の期待の下に期間の定めのない労働契約を締結しているいわゆる本工を解雇する場合とはおのずから合理的な差異があるべき」と判示しています。

しかし、実際には有期雇用労働者の実態は様々であり、正社員に近い実態があったり、更新期待が高いものだったりした場合、それに応じた厳格な判断が行われることになります。

●本事案の検討

(1)実質無期型該当性

本事案では、アルバイトとの間でも雇用契約書を取り交わしていて、その契約書では、各人との契約内容に応じて、3か月~1年間の期間の定めがあることが明記されており、期間満了前に次期の雇用契約書を作成していることから、更新手続きはきちんと管理されて行われていたといえます。

また、正社員とアルバイトでは、採用方法や入社後の配置転換の有無が異なっており、正社員への登用試験制度が存在し、現にそれに合格して正社員となった者がいることなどからすると、正社員とアルバイトとの職務内容には違いがあり、両者に実質的な違いがあったといえます。

したがって、①実質無期型の契約類型には当てはまらなそうです。

(2)更新期待型該当性

他方、3年ルールは厳格に守られておらず、Xは3回の更新を経て勤続年数は通算3年を超えています。

また、Xの業務は、広告記事の作成やイベントの運営などで、上長の指示を仰ぐことはあるものの、ほぼ自分の判断で業務を遂行しており、その業務内容も誰でも行うことができる補助的・機械的な業務ではなかったことから、収益部門のひとつにおいて、その基幹業務を裁量を与えられて遂行していたということができます。

さらに、Xは、契約の満了時期を迎えても、翌年度も継続する業務を担当していることから、当然更新されることが前提であったこともうかがえます。

したがって、Xには更新期待があることになりそうです。

(3)客観的合理性・社会的相当性の判断

A社としては、雑誌の売れ行きが伸びず、経営状態が極めて厳しいという会社側の事情で人員整理を行うので、雇止めを有効に行うためには、**整理解雇4要素**（P82コラム参照）に従った検討状況を具体的に証明する必要がありそうです。

教訓と対策

有期雇用労働者（契約社員やアルバイト）を期間終了と同時に雇止めできると安易に考えるのは早計です。

雇止めを検討する状況にあるのならば、まず、何より雇用契約書の作成やその他の更新手続きをきちんと行うことが重要です。雇用契約書を作成しておらず、漫然と更新を繰り返している状態だと、実質無期型と認定されてしまいます。

次に、自社における有期雇用労働者の役割、位置付け、職務内容をはっきりさせましょう。「最初は不安だから何となく有期雇用で雇い入れることにしているが、実際には正社員と同じ基幹業務に従事させて、長期間、多数回にわたり更新を繰り返している」ということだと、更新期待が肯定されやすくなってしまいます。

契約期間の上限を就業規則や雇用契約書で明示し、その存在を雇用契約締結時にも説明し、その運用が現に遵守されているのであれば、更新期待は生じません。本件設例においても、A社には3年ルールがありました。これが就業規則等できちんと制度化され、Xらにもきちんと説明がなされ、3年を上限に正社員登用か退職となるかできちんと運用されていれば、そもそもXに更新期待が生じる余地はなかったといえるでしょう。

さらに、更新時に、契約は今季限りとして次期には更新しないとの不更新条項を明記し、そのことを更新の際の面談時に理由とともに説明し、労働者の納得を得たうえで合意したものと認められれば、更新期待を否定する事情となり得ます。この場合、以下の書式のように、更新しない旨と併せて、その理由と詳細な説明を行った日時を記載しておくとよいでしょう。労働者に事情を十分分かりやすく説明し、納得を得ることが重要です。

なお、令和6年4月からは、通算契約期間や更新回数に上限を設ける場合、更新の際にその旨を明示する必要がありますので（改正労規則第5条）、注意が必要です。

●労働条件通知書兼雇用契約書（例）

労働条件通知書兼雇用契約書

令和元年1月31日

勤労 太郎　殿

事業場名称・所在地

コンビニエンスストア白秋・東京都千代田区飯田橋8丁目30

使用者職・氏名

店長・労働　一郎

契約期間	期間の定めあり（令和元年3月1日～令和2年2月29日） 1　契約の更新の有無 契約は今期限りとして、次期は更新しない 2　理由 経営状態の悪化のため （詳細は、令和元年1月31日付面談時に説明）

コラム 10

パート有期法と同一労働同一賃金

高津　陽介

会社には、期間の定めのない労働契約を締結してフルタイムで働く正社員のほかに、期間の定めのある労働契約を締結して働く契約社員（各職場での呼び方は、期間社員、臨時工、日雇いなど様々）や、フルタイムよりも短い時間で働いたりするパートタイマー（こちらも各職場での呼び方は、アルバイト、パート、嘱託など様々）がいます。これに属する方々は、正社員に対して「非正規労働者」と総称され、ワーキングプアなどの低賃金問題、不況時の雇止め問題、フリーターやニートと称される若年者の不完全就業問題などが取りざたされてきました。

そのような中、非正規労働者の待遇改善のため、いわゆる同一労働同一賃金を目指す政策が働き方改革関連法案としてまとめられ、平成30年には、「短時間労働者及び有期雇用労働者の雇用管理の改善等に関する法律」（正式名称が長いため、「パート有期法」や「短時間・有期雇用労働法」などと呼称されている）が制定されました。

このパート有期法は、事業主の一般的責務として、雇用する契約社員やパートタイマーについて、就業の実態を考慮して、適正な労働条件の確保、教育訓練の実施、福利厚生の充実、正社員への転換の推進などの措置を講ずることにより、正社員との均衡のとれた待遇の確保等を図り、契約社員等がその能力を十分に発揮することができるように努めるべき、としています（同法第1条）。

●同一労働同一賃金政策の導入

そして、最も注目すべき点は、日本版同一労働同一賃金の政策が導入されたことです。具体的には、職務内容が正社員と同じで、しかも、職務内容と配置が雇用の全期間にわたって正社員と同じなのであれば、基本給、賞与その他の待遇について、正社員と差別的な取扱いをしてはならず（均等処遇、同法第9条）、また、それらが同じではない場合でも、待遇の性質や目的に照らして、職務内容、職務内容と配置の変更範囲、その他の事情を考慮して、不合理と認められる相違を設けてはならないと規定されました（均衡処遇、同法第8条）。要するに、同じ者には同じものを与え、違う者にはバランスのとれた待遇をせよ、ということです。対象は、基本給や賞与だけではなく、「その他の待遇」全般にわたり、手当、福利厚生、休暇など、すべての待遇が含まれます。

したがって、例えば、職務内容が正社員と同じで、しかも、職務内容と配置も雇用の全期間にわたって正社員と同じである契約社員がいるのに、正社員にだけ賞与を支給しているといった状況だと均等処遇違反となります。また、基本給について、労働者の職業経験や職務遂行能力に応じて金額を決める職能給制度が採られている場合には、契約社員やパートタイマーについても、個々の職業経験や職務遂行能力に応じた金額を支給しなければ均衡処遇違反となります。

均等処遇違反または均衡処遇違反となると、違反している制度は無効となります。また、不法行為（民法第709条）にもなり、損害賠償責任を負うことになります。

この日本版同一労働同一賃金の考え方や具体例は、厚生労働省より、「同一労働同一賃金ガイドライン」（平成30年12月28日厚労告第430号）が公表されていますので確認してみてください。

無期転換

髙津 陽介

いざとなったら雇止めをされる可能性のある不安定な非正規労働者を保護するために、本文で説明した雇止め法理（P101）以外にも、「無期転換ルール」という制度があります。

これは、有期労働契約の通算期間が5年を超えた場合、その労働者が期間の定めのない労働契約を締結したいと申し込んだときは、使用者はその申し込みを承諾したとみなされるというルールです（労働契約法第18条1項）。承諾したものとみなされますので、使用者は無期転換の申し込みを拒否することはできず、申し込みがなされると、その時点で、契約期間満了日の翌日を就労開始日とする期間の定めのない労働契約が成立します。

つまり、例えば、平成31年1月1日から、1年ごとに期間の定めのある労働者との契約を5回更新し、6年目となる契約も令和6年1月1日から同年12月31日までの期間の定めが設けられていた場合、労働者は令和6年1月1日以降、無期転換を申し込むことができ、その申し込みがあった時点で使用者はこれを承諾したことになり、令和7年1月1日を就労開始日とする期間の定めのない労働契約が成立することになるわけです。

●事前準備と就業規則の確認

こうした事態を避けるには、自社における有期雇用の目的や正社員との役割分担などを明確にし、有期雇用の通算期間の上限を設けるとともに、有期雇用からの正社員登用制度を設けるなどして、有期雇用を漫然と更新するといった対応をしないことが大切です。無期転換権の行使が予想される5年目になって、慌てて特段の合理的理由を示さないまま次期には更新しない旨の予告をしても、すでに労働者に更新期待が生じている可能性が高く、更新しない旨の予告は無期転換の阻止を狙った脱法的なものとして、雇止め法理における更新期待を減少させるものと扱うのは困難だと判断される可能性が高いでしょう。

なお、無期転換後の労働条件は、別段の定めがない限り、現に締結している有期労働契約の内容と同じになります（労働契約法第18条1項）。つまり、無期転換したからといって、直ちに正社員と同じ労働条件となるわけではありません。例えば、有期労働契約において時給1500円で働いていた場合、無期転換後も、改めて個別の契約を締結したり、就業規則の適用をしたりしないときは、引き続き時給1500円で勤務することになります。

もっとも、自社の就業規則において、例えばその適用対象について、「この就業規則は当社と期間の定めのない労働契約を締結した者に適用する」などと書かれていた場合、無期転換後の労働者も「期間の定めのない労働契約を締結した者」に該当するため、この場合はこの就業規則が適用されることになり、その就業規則に記載されている賃金その他の労働条件が契約内容となりますので注意が必要です。こういうケースでは就業規則の見直しが急務です。

08
フリーランス

業務委託に切り替えたのに労働者？労働者性の判断基準とは

弁護士
横澤 英一
（さくら共同法律事務所）

会社から正社員Xに対し、契約形態を労働契約から業務委託に変更するよう持ち掛けたところ、Xがこれに応じた。そこで、両者間の契約形態を労働契約から業務委託契約に変更した。ところがXは、業務委託契約に変更したにもかかわらず、自分は労働者であると主張し、未払割増賃金及び付加金等の支払いを請求。裁判所はXの訴えを認め、会社は多額の支払いを余儀なくされてしまった。
このような場合、労働者性の判断基準を知っておくことが非常に重要だ。

事件の概要

Y社は、建築士事務所の経営、土木施工管理、一般労働者派遣事業等を目的とする特例有限会社である。Xは、平成16年ないし17年頃から正社員としてY社に勤務し、Y社の取引先の現場事務所等において土木工事の施工管理業務等を担当していた。

Xは、平成23年3月頃、Y社代表者からの求めに応じて、Y社との契約形態を労働契約から業務委託契約に変更することに合意し、同年4月以降、Y社に対して業務対価を請求するにあたり、請求書を発行するようになった。

しかし、Xは、本件合意はXが労働者であることを認識しながら、社会保険料等の負担を免れるために、Y社が便宜的に契約形態を変更したにすぎないとし、平成23年4月以降もXを労働者として扱うべきだとの主張のもと、未払割増賃金及び付加金の支払い、並びに健康保険被保険者資格届出義務の不履行による損害賠償の各支払いを求めた。

この際問題となったのは、Xの**労働者性**（P96コラム参照）であり、Xの労働者性を判断するにあたり、裁判所が認定した主な事実は以下のとおりである。

(1)勤務場所、業務指示について

Y社は、取引先との間で、各取引先の管理する現場における業務に従事させる労働者をY社に在籍させたまま出向させる旨の契約を締結しており、上記契約に基づき、Xを取引先に出向させ、かつ、Xに対し、当該業務の対価を支払っていたところ、こうした取扱いは、平成23年4月の前後で全く変更されることはなかった。すなわち、Xは、平成23年4月の前後を通じて、Y社の指示に従い、Y社の取引先の管理する現場において、Y社の取引先によって具体的に定められた業務に従事していた。

(2)出退勤の管理について

平成23年4月の前後を通じて、Xは、「出勤管理表」と題するフォームに始業時刻、終業時刻、時間外・休日・深夜労働時間、従事した業務の内容、作業従事場所等の情報を入力し、Y社の取引先の責任者による確認を経たうえで、これを毎月末にY社に対して提出していた。Y社は、その取引先の責任者による確認を経たうえでXから提出される「出勤管理表」を用いて、Xの出退勤及び勤務時間の管理を行っていた。

(3)勤務時間について

Xは、Y社の指示に基づき、午前中から業務に従事する場合には午前8時に業務を開始し、夜間の業務に従事する場合には午後6時または午後9時に業務を開始し、夜間の業務に従事した翌日には午後2時に業務を開始していた。

他方、Xの業務終了時刻は日によってばらつきがあり、Xは、各作業従事日にどこまでの作業を済ませておくか等の事項について、ある程度の裁量を有していた。しかし、Xは、午前8時に勤務を開始した日については、午後5時より前に業務を切り上げて帰宅することはなかった。また、Xが勤務日を自由に決定していたものと認めることもできない。

(4)労務提供の代替性

Xが Y社の取引先の管理する現場において業務に従事するにあたり、自らが雇用した第三者を派遣することや、自らの判断で補助者を使用することは許容されていなかった。すなわち、Xに労務提供の代替性はなかった。

(5)XがY社に請求書を発行していたことについて

Xは、平成23年4月以降、Y社に対して請求書を発行していたが、請求書の費目のうち、「施工管理業務等」の金額は、Xが行った業務の量及び内容にかかわらず、毎月全く同じ金額であった。そして、Y社は、平成25年4月以降、Xに対して給与明細書を発行するようになったが、上記給与明細書の「基本給」欄及び「家族手当」欄の金額は、それぞれ、30万円及び4万円であり、その合計額がXの発行する請求書の「施工管理業務等」の金額に合致するものとなっていた。

以上の事実を踏まえ、裁判所は、XがY社の指揮命令に従って労務を提供していたということができ、報酬の労務対償性も認められるから、XとY社との間の契約は、労働契約としての性質を有するものと解するのが相当であると判示し、Xの労働者性を認め、Y社に対する未払割増賃金、付加金等の支払請求を一部認容した（大阪地判令和4年5月20日）。

課題解説

●労働者性の判断基準

この事例は、労働契約から業務委託契約に切り替えを行ったのに、勤務実態が労働契約であることを理由に、形式上の受注者から会社への残業代等の請求を認めた事案です。

労働契約において使用者（会社）は、解雇制限、割増賃金の支払い、最低賃金規制、労働時間と休憩の規制等、法律上の様々な制約を受けるのに加え、社会保険料や福利厚生の提供などの負担も受けることになります。

一方、業務委託契約の発注者には、解雇制限等の規制が及ばず、社会保険料等を負担する必要もありません。このようなメリットから、労働契約から業務委託契約への切り替え、すなわち労働者を受注者へと変更する会社を昨今よく見かけるようになりました。

しかし、形式的に労働者との間で労働契約関係を解消し、業務委託契約を締結してしまえば、上記のようなメリットを受けられると勘違いしている会社が少なくありません。**業務委託契約を締結したとしても、引き続き労働者としての実態がある場合には、労働契約関係があったものとして残業代等の支払義務が発生**してしまいます。本件事例を通して、どのような場合に労働者性が認められてしまうのか、その判断基準を理解していただくのが狙いです。

まず、労働者性は、一般的にどのような基準で判断されるのでしょうか。法律上、労働者とは、「事業又は事務所に使用される者で、賃金を支払われる者」と規定されています（労働基準法第9条）。「使用される者」という文言は**「指揮監督下の労働」**、「賃金を支払われる者」という文言は**「報酬の労務対償性」**と呼ばれ、各文言に該当しているか否かにより労働者該当性が判断されます（P96コラム参照）。

では、本件ではどのような事実を認定し、Xの労働者性を肯定したのでしょうか。

●「指揮監督下の労働」について

◎業務遂行上の指揮監督の有無

裁判所は、Xが、Y社の指示に従ってY社の取引先の現場に出向き、同所において測量、図面作成、材料発注、土木工事施工管理等の業務に従事し、また、Xが「出勤管理表」と題するフォームに始業時刻、終業時刻、時間外・休日・深夜労働時間、従事した業務の内容、作業従事場所等の情報を入力し、Y社の取引先の責任者による確認を経たうえで、これを毎月末にY社に提出しており、Y社はXの出退勤及び勤務時間の管理を行っていたものと認定しました。

これに加えて、Xが業務に従事するにあたり、当日に行うべき業務の内容を自らの自由裁量によって決定し、それが完了すれば直ちに帰宅することは許容されていなかったこと、さらにXが勤務日を自由に決定していたと認めることはできないとも認定しています。

このように、XはY社の指示に従って業務に従事していた事実、Y社がXの出退勤等を出勤管理表により管理している事実、当日に行う業務の内容を自らの裁量によって決定することは許容されていなかった事実を、Y社からXに対する業務遂行上の指揮監督があったと認められる事実として判断しています。

なお、裁判所は、これら事実について、業務委託契約への切り替え前後で異なることはなかったとも判示しています。

◎勤務場所、勤務時間の拘束性の有無

裁判所は、Xが、Y社の指示に従ってY社の取引先の現場に出向いていた事実を、勤務場所の拘束性を基礎付ける事実として認定しました。

また、XはY社の取引先の指示に従い、午前中から業務に従事する場合には午前8時に業務を開始し、夜間の業務に従事する場合には午後6時または午後9時に業務を開始し、夜間の業務に従事した翌日には午後2時に業務を開始していたこと、加えて、午前8時に勤務を開始した日については、午後5時より前に業務を切り上げて帰宅することはなく、Xが業務に従事するにあたり、当日に行うべき業務の内容を自らの自由裁量によって決定し、それが完了すれば直ちに帰宅することまで許容されていたと認めることはできないことを、勤務時間の拘束性を基礎付ける事実として認定しました。

◎労務提供の代替性の有無

裁判所は、XがY社の取引先の管理する現場において業務に従事するにあたり、自らが雇用した第三者を派遣することや、自らの判断で補助者を使用することは許容されていなかった、すなわち、Xに、労務提供の代替性はなかったと認定しています。

●「報酬の労務対償性」に関する事情

裁判所は、XがY社に対し請求書により報酬を請求している事実を特に取り上げています。仮にXが労働者であれば、Y社に対し報酬を請求することはなく、裁判においてY社がXの労働者性を否定する事情として特に主張していたためです。

裁判所は、Xが、平成23年4月以降、Y社に対して請求書を発行していたものの、請求書の費目のうち、「施工管理業務等」の金額は、Xが行った業務の量及び内容にかかわらず、毎月全く同じ金額であったことを認定しています。また、Y社は、平成25年4月以降、Xに対して給与明細書を発行するようになりましたが、この給与明細書の「基本給」欄及び「家族手当」欄の金額の合計額が、Xの発行する請求書の「施工管理業務等」の金額に合致するものとなっていたことを認定しました。

これらの事実から裁判所は、XとY社との間においては、Xが一定期間において労務を提供したことの対価として報酬が支払われていたことがうかがえると判示したうえ、請求書上の「施工管理業務等」の費目は、まさに、労働契約における基本給に対応するものであったとしました。加えて、Y社は、その取引先の責任者による確認を経たうえでXから提出される「出勤管理表」を用いて、Xの出退勤及び勤務時間の管理を行っていたものであること、Y社は、これを踏まえて、「普通残業手当」「休日勤務手当」等の名目で所定労働時間外に労務に従事したことの対価と見られる報酬を支払っていたと認定しました。最終的に、これらの事情について、裁判所は、Y社がXに対して支払っていた報酬が労務提供の対価であったことを裏付ける事情となると判示したのです。

●結論

裁判所は、本件事案の性質を勘案し、**労働者性の有無は、労務提供の形態、報酬の労務対償性及びこれに関連する諸要素を勘案して総合的に検討されるべき**ものであって、労務提供の形態、報酬の労務対償性等に係る実態面の変化がないにもかかわらず、形式的に労働契約が業務委託契約に変更され、その後にXが確定申告をするようになったとの事実を重視して**使用従属性**(注1)を否定することはできないと判示しました。

その上で、Xは、Y社の指揮命令に従って労務を提供していたものであり、報酬の労務対償性も認められるから、XとY社との間の契約は、労働契約に当たると結論付けました。

教訓と対策

●実態を伴う変更を

会社のコスト削減、負担軽減のために、労働者との合意のもと、労働契約を業務委託契約に切り替えること自体は、違法な行為ではありません。ただし、受注者が、切り替え後も労働者としての実態を有しているのであれば、発注者は労働契約であることを前提に、残業代等の支払義務を負うことになります。

本事案において、裁判所がまとめとして述べているように、形式的に労働契約が業務委託契約に変更されたとの事実を重視して、使用従属性は否定されませんでした。受注者が請求書を会社に発行していたり、受注者が確定申告をしていたりする事実もあくまで形式的なものにすぎません。勤務実態をベースに労働者該当性が判断されることに留意が必要です。業務委託契約への切り替えを検討する際には、労働契約を締結していたときから、業務内容や業務の指示、勤務時間、勤務場所について変更がないのであれば、労働者に該

＊1　使用従属性
「指揮監督下の労働」と「報酬の労務対償性」を合わせて使用従属性と呼ぶ。

当してしまう可能性が高いと考えたほうがよいでしょう。

まずは現状の労働者の勤務実態を把握し、本事業の考慮要素を参考に、勤務場所や勤務時間について受注者に裁量を認めることはできるか、どのような報酬基準をとるか入念に検討したうえで、業務委託契約への切り替えを決断すべきでしょう。

本事案は、労働契約から業務委託契約に切り替えたものの、労働の実態はほとんど変わらなかった点に大きな特徴があります。労働契約から業務委託契約に切り替える際の他山の石として、ぜひ本事案で取り上げた事実に着目し、参考にしてみてください。

コラム12

下請法とフリーランス新法

横澤 英一

下請法（下請代金支払遅延等防止法）は、発注元企業による下請事業者に対する優越的地位の濫用行為を取り締まるために制定された法律です。同法では次ページに示すような対象となる取引の種類が定められ、また、同法により規制を受けるのは、資本金が１０００万円を超える企業に限定されます。

昨今、フリーランスの立場で働く人が増加傾向にある反面、その取引が下請法の適用要件を満たさず、発注元企業から不当な扱いを受けることが問題視されていました。

そうした中、フリーランスを保護するため、令和5年4月28日に国会で成立したのが「フリーランス・事業者間取引適正化等法」で、一般的に「フリーランス新法」と呼ばれます。同法は、発注元企業の資本金要件を課していないため、フリーランスの取引が広く同法により保護されることになります。

同法は令和6年秋頃に施行される予定です。同法の施行により、フリーランスに業務委託する発注事業者は、書面等による取引条件の明示義務や、報酬支払期日の設定・期日内の支払いなど次ページ以降にあるような義務項目が定められ、それを負うことになります。これにより、労働条件が不明であることに起因する不利益取扱いや報酬の未払い、遅延の問題等からフリーランスが保護されることになります。

法令の詳細は、公正取引委員会、中小企業庁、厚生労働省などのホームページで確認できます。

【下請法で対象となる取引】

・製造委託～物品を販売し、または製造を請け負っている事業者が、規格や形状等を指定して物品の製造、加工を委託する場合。建築物は対象とならない。

・修理委託～物品の修理を請け負っている事業者が、その修理を他の事業者に委託したり、自社で使用する物品を自社で修理している場合に、修理の一部を他の事業者に委託したりする場合。

・情報成果物作成委託～ソフトウェア、映像コンテンツ、各種デザイン等の作成を行う事業者が、他の事業者にその作成作業を委託する場合。

・役務提供委託～運送やビルメンテナンス等、各種サービスの提供を行う事業者が、請け負った役務の提供を他の事業者に委託する場合。ただし、建設業を営む事業者が請け負う建設工事は役務には含まれない。

【義務事項】

フリーランス新法では、発注事業者に以下の義務項目が課せられる。なお、事業者が従業員を雇用しているか、継続的業務委託であるかにより課せられる義務は異なる。

・書面等による取引条件の明示～「委託する業務の内容」「報酬の額」「支払期日」等の取引条件を

書面等で明示。すべての取引が対象。

・報酬支払期日の設定・期日内の支払い～発注した物品等を受け取った日から数えて60日以内の報酬支払期日を設定し、期日内に報酬を支払う。

・禁止事項～継続的業務委託をした場合に法律に定める行為をしてはならない。

・募集情報の的確表示～広告などにフリーランスの募集に関する情報を掲載する際に、虚偽の表示や誤解を与える表示をしてはならず、また、内容を正確かつ最新のものに保たなければならない。

・育児・介護等と業務の両立に対する配慮～継続的業務委託について、フリーランスが育児や介護などと業務の両立ができるよう、フリーランスの申し出に応じて必要な配慮をしなければならない。

・ハラスメント対策に係る体制整備～フリーランスに対するハラスメント行為に関する相談対応のために必要な体制整備などの措置を講じる。

・中途解除等の事前予告～継続的業務委託を中途解除したり、更新しないこととしたりする場合は、原則として30日前までに予告しなければならない。

＊以上、中小企業庁ホームページより抜粋。

09
ジェンダー

企業と人権のこれから。企業の抱える性的マイノリティーのトイレ問題

昨今、労働の現場でも性の多様性という課題に向き合っていかなければならない場面が増えてきている。例えば、生物学的な性別が男性であり、心の性が女性である従業員がおり、職場で生物学的な性別とは異なる女性用トイレの使用を希望した場合、企業や自治体としては、どのように対応すべきか。果たして裁判所の判断は？

弁護士
野澤 航介
（福家総合法律事務所）

事件の概要

● Aの状況

Aは、生物学的な性別は男性であるが、幼少の頃からこのことに強い違和感を抱いていた。Aは、平成10年頃から女性ホルモンの投与を受けるようになり、同11年頃には性同一性障害である

旨の医師の診断を受け、平成20年頃からは女性として私生活を送るようになった。また、平成22年3月頃までには、血液中における男性ホルモンの量が同年代の男性の基準値の下限を大きく下回っており、性衝動に基づく性暴力の可能性が低いと判断される旨の医師の診断を受けていた。なお、Aは、健康上の理由から性別適合手術を受けていない。

さらに、Aは、平成23年に家庭裁判所の許可を得て、名を変更し、同年6月からは職場においてその名を使用するようになっていた。

●職場の状況

Aは、国家公務員として某省庁に勤務している。Aは平成16年5月以降、某省庁の同一の部署で執務をしてきたが、当該部署の執務室がある庁舎には男女別のトイレが各階に3か所ずつ設置されている。なお、男女共用の多目的トイレは、当該部署の執務室がある階には設置されていないが、他の複数の階に設置されている。

Aは、平成21年7月、上司に対し、自らの性同一性障害についてカミングアウトを行い、同年10月、某省庁の担当職員に対し、女性の服装での勤務や女性用トイレの使用等についての要望を伝えた。

これらを受け、平成22年7月14日、某省庁では、Aの了承を得て、Aが執務する部署の職員に対し、Aの性同一性障害について説明する会が開催された。担当職員は、同説明会の後、Aが退席したのちに、Aが女性用トイレを使用することについて意見を求めたところ、数名の女性職員がその態度から違和感を抱いているように見えた。これらを踏まえ、某省庁においては、Aに対し、Aの執務室がある階とその上下の階の女性用トイレの使用を認めず、それ以外の階の女性用トイレの使用を認める旨の処遇を実施することとした。

Aは、上記説明会の翌週から、女性の服装等で勤務し、Aの執務室から2階離れた階の女性用トイレを使用するようになった。なお、Aが女性用トイレを使用するようになってから、それにより他の職員との間でトラブルが生じたことはない。

●行政措置要求と人事院の判定

Aは、平成25年12月27日付で、職場の女性用トイレを自由に使用させることを含め、原則として女性職員と同等の処遇を行うこと等を内容とする行政措置の要求をしたところ、人事院は、同27年5月29日付で、いずれの要求も認められない旨の判定をした（以下、「本件判定」といい、本件判定のうちトイレの使用に係る要求に関する部分を「本件判定部分」という）。

そこで、Aは、本件判定の取消訴訟及び国家賠償請求訴訟を提起した。

課題解説

●裁判例

上記の事例と類似の事案について、裁判所は、①原告が男性用トイレを使用しなければならないことは、日常的に相当の不利益を受けている状態にあること、②原告が女性用トイレを使用することによりトラブルが生じることは想定しがたいこと、③原告が女性用トイレを使用することにより特段の配慮をすべき他の職員の存在も確認されていなかったことなどから、本件判定部分を違法と判断しました（最三小判令和5年7月11日）。

ただし、この裁判例は、あくまでも当該事例に対する判断であり、当該事例と異なる事情がある場合には、心の性に従ったトイレを使用することはできないという判断がなされる可能性もあることに注意が必要です。

●自己決定権としてのトイレの選択権

憲法第13条は、「幸福追求に対する国民の権利」すなわち**幸福追求権**を保障しており、同条を根拠に「新しい人権」が主張されています。そのような新しい人権のひとつに、**「自己決定権」**があります。これは、一定の個人的な事柄について、公権力から干渉されることなく自ら決定することができる権利のことです。

他方で、自己決定であっても、公権力や他者からの介入がなされなければならないと考えられているケースもあります。それは、例えば、未成年であるとか、酩酊状態であるなど、自己決定をする能力に乏しい者がした決定に介入する場合や、その自己決定により他者に危害を及ぼす場合です。

自己決定権の一環として、自己が使用するトイレを選択する権利があるか否かという点については、本裁判例は判断していませんが、筆者私見では、性同一性障害者がトイレを選択する自由は、生命身体に関する自由の一貫として、全面的・絶対的保障ではなくとも、憲法上の保障を受けると考えています。

● 行政措置要求

国家公務員法第86条は、「職員は、俸給、給料その他あらゆる勤務条件に関し、人事院に対して、人事院若しくは内閣総理大臣又はその職員の所轄庁の長により、適当な行政上の措置が行われることを要求することができる」旨を規定し、同法第87条は、「行政措置要求がされたときには、人事院は、必要と認める調査、口頭審理その他の事実審査を行い、一般国民及び関係者に公平なように、且つ、職員の能率を発揮し、及び増進する見地において、事案を判定しなければならない」旨を規定しています。

そこで、国家一般職の職員であるAは、同条に基づき、行政措置要求を行い、人事院により判定がなされたことになります。

教訓と対策

● 企業の社会的責任としての人権

従来、企業の社会的責任として捉えられていたのは環境問題が中心でした（環境コンプライアンス）が、ここ10年の間に人権問題一般についてコンプライアンスが問題とされるようになっています。人権コンプライアンス分野の議論は急速に進んでいます。性的マイノリティーのトイレ問題について、企業が取り組むべき課題であると認識され始めたのもここ数年間のことです。

国際的にも、2011（平成23）年3月、国際連合が企業活動において人権問題にどのように取り組むべきかという行動の枠組みとして「ビジネスと人権に関する指導原則」、いわゆる**「ラギー・フレームワーク」**を提示したことにより、企業は人権の視点からも経営を行うことが求められるようになりました。

会社法上、取締役（会）は内部統制システムを構築する権能を有し（第348条3項4号、第

362条4項6号)、特に大会社においては取締役会が決議を行うことが義務付けられています(第362条5項)。また、委員会設置会社では、大会社ではない場合にも取締役会において決議を行うことが義務付けられています(第416条1項1号ホ・第2項)。内部統制システムとは、会社の業務執行が適切かつ効率的に行われることを確保するため、取締役が業務執行の手順を合理的に設定するとともに、不祥事の兆候を早期に発見し是正できるように構築すべき社内組織の仕組みのことです。

コンプライアンス違反についても、これを事前に防止し、早期に発見し、是正するというシステムを構築しておくことが求められます。そのため取締役が、性的マイノリティーの権利を保護する仕組みを構築できなかったことにより、会社が性的マイノリティーの権利侵害を引き起こした場合には、取締役が任務懈怠《けたい》責任(第423条1項、第429条1項)を問われる可能性があるといえます。企業による私人の権利保護という議論が急激に進んでいることからすれば、性的マイノリティーを保護する仕組みを内部統制システムの中に構築しておくことは、そう遠くないうちに、当然のこととなると思われます。

また、人権を顧みないというイメージを持たれた企業を顧客が支持するという期待は薄く、人権法務分野に無頓着であることは経営上も合理的な判断とはいえません。特に、製造業においてこの傾向は顕著で、ひとたび人権侵害企業とのレッテルが貼られてしまえば、バッシングを受けて商品が全く売れなくなってしまうおそれすらあります。企業にとって人権対策は、人権を尊重する社会的な責任があるという点に加え、このような危険を防止するというリスクマネージメントの観点からも必要性が高いといえるでしょう。

以上のことから、事実上、企業は性的マイノリティー問題をはじめとする人権問題に取り組んでいくべき責任を負っている、ということができます。

●職場環境の構築

1．誰でもトイレの設置

労働安全衛生法施行規則第628条が、事業者に対して男性用トイレ及び女性用トイレの設置を命じていますが、これにとどまらず、早急に多目的トイレもしくは、男女問わず利用できるトイレを設置することが求められます。「我が社にはいないから、いいだろう」などと胡坐《あぐら》をかいているわけにはいきません。カミングアウトしていない潜在的なSOGI（Sexual Orientation and Gender Identity　性的指向及び性自認）の存在を見逃すことになりますから、上記トイレを設置する必要性は高いといえます。

2．社員研修

会社側が何らかの措置をとろうとしたところ、社内で社員から反発が起こり頓挫してしまうような事態は何としても避けなければなりません。迅速な対応をするためには、日頃より社内において対ＳＯＧＩに限らず、差別問題一般に対する理解を深める研修をしておくべきです。たとえば、性的マイノリティー当事者による講演会や性的マイノリティーの人権問題に明るい弁護士に指導を仰ぐ例があります。とはいえ、押し付けられた座学では効果が期待できず、むしろ反発を生む可能性すらあるため、工夫が必要でしょう。

また、このような研修は、社内の職場環境を整えるだけでなく、市場規模約6兆円とも試算されるＳＯＧＩ関連市場において、商品開発のアイディアに活かされたり、顧客に対するサービスや態度に表れたりと副次的な効果も期待できます。

3．実際にトイレ使用を希望する従業員がいる場合の対応

性的マイノリティーの人々に、異性用トイレの使用を認めるべきかどうかは、個々の事案に応じて具体的に判断されなければなりません。その際に、考慮要素となるのは、性別移行の進展度、周囲の者の理解度、他の者の利用頻度、トイレの構造、生理現象の緊急性、他のトイレの使用可能性などです。職場内での理解が得られており、本人にカミングアウトする意思が見られるならば、異性用トイレを使用を認めることが好ましいといえます。ただし、過剰に配慮したことでかえって取引先や同僚との関係をこじらせたとあれば、本人も傷心するでしょうから、取引先との関係や職場内での同僚との関係にも留意しながら慎重に対応することが必要となります。

各論的なことをいえば、この中で、特に、外見上他人に不安感を生じさせるのか否かは重要なファクターになるように思われます。周りの者が不安感を覚えることがなければ、異性用トイレの使用を禁ずべき理由がないからです。また、性別移行が進んでいない場合には、異性用トイレの利用には周りの人の理解を必要とします。すなわち、自らが性同一性障害である旨を説明しなければならないからです。このとき、他者の理解が得られなかった場合には、異性用トイレの利用は認められにくい事情となります。他方で、同じトイレを利用する可能性がある者全員の同意が必要であるとまではいえないようにも思われ、社内の当事者同士で相互理解を深めることが非常に重要です。

なお、多目的トイレなど代替手段があるならば、必要最低限の保障は受けているとも考えられますが、多目的トイレが離れた場所にあり、緊急を要する場合も想定できるので、多目的トイレがあることが絶対的な基準となるわけではありません。逆に、多目的トイレがあれば、性同一性障害者が異性用トイレを利用することに反対する者自身も、多目的トイレを利用することができます。その意味では、他者にとっても代替手段があるということです。このようにトイレ問題は、個別的・具体的な事情に応じて柔軟に対処すべきであり、専門家の指示を仰ぐことも必要でしょう。

コラム13

性的少数者

野澤 航介

かつては、我が国だけではなく世界的に、性別には「男」と「女」しか存在せず、しかも身体的特徴のみによって決定されると考えられてきました。そして、この〝男女二分論〟を基に、婚姻や風呂等身の回りのあらゆる制度や生活が構築されています。しかし、近年になって、性別は〝グラデーション〟とも表現されるほど漸次的で、極めて多様であることが明らかになってきました。

性的少数者については、国際的にはSOGI（Sexual Orientation and Gender Identity 性的指向及び性自認）という表現が使用されるようになっています。我が国におけるSOGIの割合は、人口の約7％にも及ぶといわれています。これは14～15人に一人という計算です。これがどれほどの数かというと、左利きの人の総数や、日本人の四大姓である「佐藤」「鈴木」「高橋」「田中」の人口を合わせた数に匹敵する数字です。

以下、この分野で知っておくべき基本的な用語を確認していきましょう。

①身体的性別（生物学的性）

身体的性別とは生まれ持った生物学的な性のことを指し、外性器、内性器、性染色体（XXであれば女性、XYであれば男性）などの差によって、客観的に判断される性別のことをいいます。

②性自認（心の性）

性自認とは、自分の性に対する主観的な認識のことをいいます。そして、身体的性別と性自認とがマッチせず、身体的性別とは異なる性別を生きる人々及びそのように生きることを望む人々をトランスジェンダーといいます。

この場合、注意を要するのが、性同一性障害（GID＝Gender Identity Disorder）者はトランスジェンダーに含まれるが、これと同義ではないということです。性同一性障害は、もともと医学用語で、トランスジェンダーの中で医学的要件を満たす場合のみを指します。なお、法律上、性同一性障害者は、「生物学的には性別が明らかであるにもかかわらず、心理的にはそれとは別の性別（以下、「他の性別」という。）であるとの持続的な確信をもち、かつ、自己を身体的及び社会的に他の性別に適合させようとする意思を有する者であって、そのことについてその診断を的確に行うために必要な知識及び経験を有する二人以上の医師の一般に認められている医学的知見に基づき行う診断が一致しているもの」と定義されています（性同一性障害者の性別の取扱いの特例に関する法律第2条）。性同一性障害の判定は、日本精神神経学会の策定したガイドラインに従ってなされています。

③性的指向

性的指向とは、自分の心の性を基準として、恋愛や性的な関心の対象が、どの性別に向かうかを示す概念です。

10
育児休業

入社してすぐの社員から育児休業の申し出がなされたら

育児・介護休業法では、出産・育児等による労働者の離職を防ぎ、希望に応じて仕事と育児等が両立できるようにするため、様々な制度が設けられている。その制度については頻繁に改正がなされているが、その仕組みを十分に理解している事業主はどれほどいるだろうか。例えば、入社間もない社員から突然、育児休業の申し出がなされた場合、会社はどう対応すべきか。また、拒むことはできるのか。

特定社会保険労務士
岩楯 めぐみ
（社会保険労務士事務所 岩楯人事労務コンサルティング）

事案の概要

Y社は、社員数20名の専門商社で、少人数で業務に当たっている。以前は社員が今の倍近くいたため、営業体制もベテランの社員と経験が浅い社員の2名で1企業を担当する複数担当制をとっていた。しかし、近年は採用に苦戦し、退職者が生じても思うように人員を補充することができない状況が続いていた。このため、数年前から複数担当制を廃止して一人ひとりがそれぞれに担当企業を受け持つ体制とし、経験が浅い社員に対しては、社長自らがそのフォローに相当の時間を割いている。

そんな中で、3月末に、ベテランの営業社員1名が急遽退職することになった。これまでは、退職者の担当企業を他の社員に割り振って何とか乗り切ってきたが、これ以上それぞれの社員の担当企業を増やすことは難しい状況にある。なぜなら、Y社ではすでに営業社員の長時間労働が慢性化しており、社員からの不満の声が大きくなっていたからだ。そこで、今回は、新たに即戦力となる経験者を採用して対応することにした。

求人票に提示する給与額を大幅に引き上げ、普段はあまり活用していない人材会社もフル活用したところ、何とか3月15日から入社してもらえる社員X（男性）を採用することができた。社員Xは業界経験もあって、面接時の印象も良く、ベテランの退職者の後任としてしっかりと役割を果たしてくれるだろうと、社長も大きな期待を寄せていた。

●入社2週間で育休申し出！

ところが……。3月末までの退職者との引き継ぎを無事に完了し、4月1日から本格的に一人で取引先を訪問し始めた矢先に、社員Xから社長に相談したいことがあるとの申し出があった。社長が社員Xの話を聞いたところ、「面接のときにはなかなか言い出せなかったのですが、実は妻が5月に出産予定でして、出産予定日から3か月ほど育児休業を取得させてもらいたいと思っているのですが、よろしいでしょうか？」と言うのである。社長は驚いて言葉がでなかった。採用面接のときに、社員XにはY社が置かれている状況を十分に伝えたつもりだった。もし、採用面接のときに育児休業を取得する予定であることを聞いていれば、社員Xを採用しなかったはずだ。社長は何だか裏切られたような気持ちになった。

社長は、感情を抑えつつ社員Xに「大企業であれば分かるが、うちは社員数も20名程度の中小企業だから、一人でも休まれると大変な状況になるのは分かるよね？　女性社員ならまだ分かるが、うちでは男性社員からの申し出は一度もないんだよ。Xさんは入社したばかりで、まずは早めに当社のやり方に慣れてもらう必要もあるし、育児休業については奥さんともう一度よく話し合ってほしい」と伝えた。

社員Xはその場では黙って聞いていたが、その後、労働局に相談に行ったようだ。

後日、労働局から会社に連絡があり、育児・介護休業法に即して育児休業を取得させるよう指導され、結果的に、社員Xの申し出どおり、育児休業を取得させることにした。

Y社では、新たな採用は諦め、育児休業期間中の社員Xの担当業務は、他の社員への割り振りと社長自らが担当することで何とか切り抜けることにしたが、他の社員の不満がさらに高まって退職者が続くことがないか心配な状況が続いている。

課題解説

●すべての事業所が対象

育児関連の制度は、平成3（1991）年に「育児休業、介護休業等育児又は家族介護を行う労働者の福祉に関する法律」（以下、育児・介護休業法／P151コラム参照）で制定され、平成4（1992）年4月に施行されて以降、頻繁に制度改正がなされてきました。令和3（2021）年以降だけを見ても、令和3（2021）年1月（子の看護休暇の時間単位取得等）、令和4（2022）年4月（有期雇用者の育児休業の取得要件の緩和等）、令和4（2022）年10月（産後パパ育休制度の創設等）、令和5（2023）年4月（育児休業の取得状況の公表義務）に変更が加えられています。また、少子化対策が国の喫緊の課題となる中で、仕事と育児の両立推進のため、現在もさらなる制度改正の検討がなされています。

このように制度改正が頻繁になされる中で、制度を正しく理解することはなかなか難しい状況にありますが、適切に労務管理を行うためには、常に最新の育児関連の制度を踏まえた対応が求められます。なぜなら、育児関連の制度は法律で定められた制度であるため、会社のルールもそれを踏まえたものにしなければならないからです。これは、大企業にだけでなく、中小企業にも当然にその対応が求められます。また、育児関連の制度の対象には、女性だけでなく男性ももちろん含まれますし、パートやアルバイトなどの正社員以外も含まれます。

これらの法律に基づく制度を認識しないまま、事業主が不適切な発言をしてしまい、労務トラブルになるケースが見られます。したがって、まずは法律上の育児関連の制度についてきちんと確認しておく必要があります。

育児・介護休業法に基づく育児関連の制度は、対象となるお子さんの年齢を基準に、「原則1歳まで」「3歳まで」「小学校就学の始期まで」の3つに区分すると、それぞれ次のとおりになっています。

【原則1歳まで】

①産後パパ育休（育児・介護休業法第9条の2第1項）

原則として子の出生後8週間以内に最大4週間の育児休業を取得することができます。また、まとめて申し出る必要はありますが、2回に分割して取得することもできます。

なお、産後パパ育休は、子どもが産まれた直後の時期に、「②1歳までの育児休業」とは別に育児休業を取得することができるよう令和4（2022）年10月に新設された制度で、主に男性が対象になると想定されることからこの名称がついていますが、法律上は「出生時育児休業」といいます。

②1歳までの育児休業（育児・介護休業法第5条第1項）

子が1歳未満の場合に育児休業を取得することができます。また、以前は、育児休業は1歳までに1回しか取得できませんでしたが、令和4（2022）10月からは2回取得することができるようになっています。

よって、例えば、子が1歳になるまで、両親がそれぞれ約3か月ずつ交代で育児休業を取得することも選択できるようになっています。

③1歳2か月までのパパママ育休プラス（育児・介護休業法第9条の6第1項）

両親がともに育児休業を取得する場合に限って、取得可能期間が2か月プラスされ、子が1歳2か月未満の場合に育児休業を取得することができます。ただし、この場合でも、育児休業として取得することができる期間は、産後パパ育休なども含めて1年が上限になります。

④1歳6か月までの育児休業（育児・介護休業法第5条第3項）

保育所等に入所を希望しているが入所できないなどの一定の要件を満たす場合に、「②1歳までの育児休業」を延長することができる制度で、子が1歳6か月未満の場合に育児休業を延長取得することができます。

⑤2歳までの育児休業（育児・介護休業法第5条第4項）

保育所等に入所を希望しているが入所できないなどの一定の要件を満たす場合に、「④1歳6か月までの育児休業」を延長することができる制度で、子が2歳未満の場合に育児休業を延長取得することができます。

【3歳まで】

①所定外労働の制限（育児・介護休業法第16条の8第1項）

3歳未満の子がいる場合は、事業の正常な運営に支障がある場合を除き、所定労働時間を超える労働をさせることはできません。

②短時間勤務（育児・介護休業法第23条第1項）

3歳未満の子がいる場合は、所定労働時間を6時間とする短時間勤務を可能とする措置を講じなければなりません。

【小学校就学の始期まで】

①子の看護休暇（育児・介護休業法第16条の2第1項）

小学校就学の始期に達するまでの子がいる場合は、負傷し、または疾病にかかった当該子の世話をするために、または当該子に予防接種や健康診断を受けさせるために、当該子が一人の場合は1年間につき5日、2人以上の場合は1年間につき10日を限度として子の看護休暇を取得することができます。この休暇は、1日単位で取得することに加えて、時間単位でも取得することができます。

②時間外労働の制限（育児・介護休業法第17条第1項）

小学校就学の始期に達するまでの子がいる場合は、事業の正常な運営に支障があるときを除き、1か月について24時間、1年について150時間を超える時間外労働をさせることはできません。

③深夜業の制限（育児・介護休業法第19条1項）

小学校就学の始期に達するまでの子がいる場合は、事業の正常な運営に支障があるときを除き、深夜（午後10時から午前5時までの間）の労働をさせることはできません。

※2024年1月1日現在の法律施行状況に基づいています。

これらの制度は、労働者から申し出がなければ適用する必要はありませんが、法定の要件を満たす労働者から申し出があった場合は、事業主はその申し出を拒むことはできません。ただし、一部の者からの申し出については、拒むことができる例外の取扱いがあります。例えば、「②1

歳までの育児休業」であれば、「入社1年未満の者」「申し出の日から1年以内に雇用関係が終了することが明らかな者」「1週間の所定労働日数が2日以下の者」のいずれかの者からの申し出は、労使協定を締結している場合に限り、その申し出を拒むことが認められています。

なお、育児休業、短時間勤務または子の看護休暇の制度の適用により、実際に勤務しなかった時間に対しては無給でよく、給与を支払うことまでは求められていません。

また、労働者から育児関連の制度の申し出があったことや、制度の適用を受けたことを理由として、解雇や退職勧奨をしたり、降格させたりするなどの不利益な取扱いは禁止されていますので、このような取扱いをすることがないよう注意しなければなりません。

教訓と対策

●育児介護休業規程の整備

育児・介護休業法に基づく最新の育児関連の制度を確認したうえで、会社のルールとして明確にするため、**就業規則(具体的には育児介護休業規程)として整備**して従業員に周知させましょう。当該規程においては、育児休業等の取得にあたり、何日前までに、どのような方法（所定の様式を提出する、ワークフローで申請するなど）で申し出をすべきかなどの手続きや、育児休業等の取得期間中の給与の取扱いなどのルールを、法律も踏まえて整理して明記します。例えば、給与の取扱いでいえば、固定残業代（残業代をあらかじめ定額の手当として支給する仕組み）を導入している場合で、短時間勤務等の制度の適用を受ける際に当該手当を不支給にするときは、その点について明記するなどです。

なお、厚生労働省から**「育児・介護休業等に関する規則の規定例」**が示されていますので、そちらを参考に育児介護休業規程を整備する対応が考えられますが、当該規定例の中には、法令を上回る措置も含まれていますので、自社に合う形で内容を検討する必要があります。

●労使協定の締結

育児休業については、労使協定を締結した場合に限り、「入社1年未満の者」からの申し出を拒むことができますので、事案のように入社してすぐ申し出がなされた場合に拒むことができるよう、労使協定（次ページの労使協定例参照／P239コラム参照）を締結しておきましょう。

なお、当該労使協定は所轄労働基準監督署等への届出は不要ですが、労働者に周知させる必要があります。

●育児・介護休業等に関する協定書（例）

育児・介護休業等に関する協定書（例）

株式会社●●（以下「会社」という）と社員の過半数を代表する者（以下「社員代表」という）は、育児・介護休業等に関して次のとおり協定する。

（育児休業の申出を拒むことができる社員）

第1条　会社は、次の社員から育児休業の申出があったときは、その申出を拒むことができる。

⑴　入社1年未満の社員

⑵　申し出の日から1年（育児・介護休業法第5条第3項及び第4項の申出にあっては6か月）以内に雇用関係が終了することが明らかな社員

⑶　1週間の所定労働日数が2日以下の社員

2　会社は、次の社員から出生時育児休業の申出があったときは、その申出を拒むことができるものとする。

⑴　入社1年未満の社員

⑵　申し出の日から8週間以内に雇用関係が終了することが明らかな社員

⑶　1週間の所定労働日数が2日以下の社員

（介護休業の申出を拒むことができる社員）

第2条　会社は、次の社員から介護休業の申出があったときは、その申出を拒むことができる。

⑴　入社1年未満の社員

⑵　申出の日から93日以内に雇用関係が終了することが明らかな社員

⑶　1週間の所定労働日数が2日以下の社員

（子の看護休暇又は介護休暇の申出を拒むことができる社員）

第3条　会社は、次の社員から子の看護休暇及び介護休暇の申出があったときは、その申出を拒むことができる。

⑴　入社6か月未満の社員

⑵　1週間の所定労働日数が2日以下の社員

（所定外労働の制限、育児短時間勤務又は介護短時間勤務の請求を拒むことができる社員）

第4条　会社は、第1条第1項第1号又は第3号に掲げる社員から時間外労働の制限、育児短時間勤務又は介護短時間勤務の請求があったときは、その請求を拒むことができる。

（出生時育児休業中の就業）

第5条　出生時育児休業中の就業を希望する社員は、就業可能日等を申し出ることができる。

（有効期間）

第6条　本協定の有効期間は、●年●月●日から1年とする。ただし、有効期間満了の1か月前までに、会社、社員代表のいずれからも申出がないときは、さらに1年間有効期間を延長し、以降も同様とする。

年　　月　　日

会社　　株式会社●●
代表取締役　●●●●　　印

社員代表　　●●●●　　印

コラム14

育児・介護休業法

岩楯　めぐみ

育児・介護休業法(育児休業、介護休業等育児又は家族介護を行う労働者の福祉に関する法律)は、平成3（1991）年に定められた法律で、子の養育又は家族の介護を行う労働者の雇用の継続や育児・介護により退職した者の再就職の促進を図ることにより、職業生活と家庭生活との両立ができるよう、育児休業及び介護休業に関する制度、子の看護休暇及び介護休暇に関する制度、子の養育及び家族の介護を容易にするための短時間勤務等の措置などについて定めています。

育児・介護休業法の改正は頻繁に行われています。直近では、女性に偏りがちな育児・家事を男女で分担して男性の育児への関わりを増やし、希望に応じて男女ともに仕事と育児等の両立ができるようにするため、子の出生直後の時期における柔軟な育児休業の枠組み（出生時育児休業制度）を創設したり、企業に育児休業を取得しやすい雇用環境を整備することを義務付けたりするなどの見直しが行われています。

11
定年後再雇用

問題社員の定年後再雇用拒否は可能？許されるのはどんな場合か

弁護士
横澤 英一
（さくら共同法律事務所）

Xは、60歳まで勤続し、就業規則上の定年を迎えた。しかし、定年間際の自宅待機中に私用で外出したことなどを理由に、会社から懲戒けん責処分を受けた。会社は懲戒処分を受けたことを理由に、Xの定年後再雇用を拒絶したところ、Xから訴訟を提起され、結局、裁判所から定年後再雇用の拒絶は違法であると判断されてしまった。

定年後再雇用及びその拒絶にあたり、会社が留意すべき点とは何か？ 事案を2件取り上げて検討する。

事件の概要

● 事案(1) 定年後再雇用の拒否

Y社は、各種山菜の缶詰製造、水煮加工、山菜等の製造販売等を業とする事業会社である。Xは、平成24年3月、Y社に正社員として入社。調達課長、営業課長、営業課係長を経て、令和2年3月21日から経営戦略室係長として勤務し、令和2年7月20日に就業規則に定める定年(60歳)に達した者である。

Xは、令和2年2月20日、Y社との間で、定年後の令和2年7月21日から令和3年7月20日までの期間で、Y社がXを定年後再雇用する旨の合意をした。その合意の中には、「就業規則の定めに抵触した場合」に、本件合意を破棄し、再雇用の可否について再度検討する旨の条項が含まれていた。その後、Xは、同年4月14日、16日に、新型コロナウイルス感染症蔓延に伴いY社から自宅待機を命じられていたにもかかわらず私用外出したこと、その間に、関係会社からY社に対して無償で提供された20Lのポリタンクの除菌水を計4本持ち帰ったことなどを理由に、同年4月27日付でY社からけん責の懲戒処分を受けた。同年7月8日、Y社は、Xがけん責の懲戒処分を受けたこと、就業規則に違反したことなどを理由に、上記合意を解除し、Xの定年後再雇用を拒絶した。

これに対し、裁判所は、定年後に継続雇用を希望する定年到達者全員を65歳まで継続雇用することが法律上義務付けられており（高年齢者雇用安定法、以下、高年法）、行政上の指針も踏まえると、心身の故障のため業務に耐えられないと認められることや、勤務状況が著しく不良で、引き続き従業員として職責を果たし得ないことなど、就業規則に定める退職事由や解雇事由に該当する場合に限り、例外的に企業が定年後再雇用を拒絶することができる場合を明示した。また、令和2年2月20日付合意についても、解雇事由や退職事由に該当するような就業規則違反があった場合にのみ、合意を解除できると判示した。

その上で、裁判所は、Xが少なくとも2日にわたり、自宅待機命令に反して外出に及んでおり業務命令に違反したこと、従業員全員で利用するため一度に大量の持ち帰りを遠慮するようにとの注意文書が出されていたにもかかわらず、合計80Lもの除菌水を持ち帰った事実は認定しつつも、XがY社との面談において、概ね事実を認めて反省の弁を述べ、始末書を提出しており、その後同様の行為に及んだことも認められないこと、Y社においてもけん責処分にとどめていること、除菌水の持ち帰りについては一定量を上限とするような明確な基準まではなかったうえ、一応、事前に関係会社に話を通していたことなどを踏まえると、職場の秩序を乱したとか情状が悪質であるなどの就業規則に定める解雇事由（前提事実等）に相当するほどの事情であるとはいえないものと認定した。

最終的に裁判所は、Xは、高年法及びY社の継続雇用制度に基づき、解雇事由または退職事由に該当する事情がない限り、令和2年7月20日の定年退職後もY社に再雇用される立場にあり、現に本件合意が締結され、年齢を除く解雇事由または退職事由に該当する事情も認められなかったのであるから、本件合意の解除は無効である旨判示した（富山地判令和4年7月20日）。

●事案⑵ 定年後再雇用における不当な労働条件の提示

B社は、自動車、産業車両、船舶、航空機等の製造、販売、修理等を目的とする事業会社である。Aは、B社で主任の資格を有し、正社員の事務職として勤務していた（フルタイム勤務、賞与込みで年収970万円程度）。

Aは、定年退職を控えた平成25年2月25日、B社から定年後再雇用時の労働条件として、「雇用期間は1年間、所属部署は定年前と同様、主な業務内容はシュレッダー機ごみ袋交換及び清掃（シュレッダー業務は除く）、再生紙管理、業務用車掃除、清掃（ロッカー等）、勤務時間は一日あたり4時間、時給1000円（昇給なし）、賞与は支給することがある」との内容を提示された。AはB社が提示した労働条件を受け入れることができず、60歳に達した時点で定年退職することになった。

裁判所は、継続雇用を希望する従業員全員に継続雇用の機会を平等に与えるべきであって、定年後の継続雇用としてどのような労働条件を提示するかについて、会社に一定の裁量があるとしても、提示した労働条件が、無年金・無収入の期間の発生を防ぐという法の趣旨に照らして、到底容認できないような低額の給与水準であったり、社会通念に照らし当該労働者にとって受け入れ難い職務内容を提示したりするなど、実質的に継続雇用の機会を与えたとは認められない場合には、法の趣旨に明らかに反するものであるといわざるを得ないと判示した。

加えて、業務内容については、高年法の趣旨からすると、会社が労働者に対し、その60歳以前の業務内容と異なった業務内容を示すことが許されることはいうまでもないが、両者が全く別個の職種に属するなど性質の異なったものである場合には、もはや継続雇用の実質を欠いており、むしろ通常解雇と新規採用の複合行為というほかないから、従前の職種全般について適格性を欠くなど通常解雇を相当とする事情がない限り、そのような業務内容を提示することは許されないと判示した。

そして、B社がAに提示した労働条件について、再雇用後の給与水準は、老齢厚生年金の報酬比例部分（148万7500円）の約85％の収入が得られることになるため、無年金・無収入の期間の発生を防ぐという高年法の趣旨に照らして到底容認できないような低額の給与水準とはいえないものと認定した。他方、業務内容については、Aのそれまでの職種に属するものとは全く異なった単純労務職としてのものであり、全く別個の職種に属する性質のものであることを認めた。

最終的に、裁判所は、B社がAに提示した業務内容は、社会通念に照らし労働者にとって到底受け入れ難いようなものであり、実質的に継続雇用の機会を与えたとは認められないのであって、高年法の趣旨に明らかに違反する違法なものであると判示し、AがB社から提示された給与水準で定年後雇用されていた場合に、B社がAに支払うべき1年間分の賃金相当額を、B社がAに慰謝料として支払う旨の判決を下した（名古屋高判平成28年9月28日）。

課題解説

上記2つの事例は、定年後再雇用を拒否し、不当な労働条件を提示したことについて、いずれも高年法の趣旨に反するとの理由で、違法と判断されてしまった事案です。どのような点が、法の趣旨に反してしまったのでしょうか。また、定年後再雇用を、定年を迎えた労働者との間で締結する際に、会社はどのような点に留意しなければならないのでしょうか。

上記問題点を深く理解するためには、高年齢者雇用確保措置の制度概要を理解する必要があります。

●高年法の意義を理解する

平成初期頃までの会社では、定年制度を採用する企業の84％もの会社が60歳定年制を採用しており、他方で、高年齢者雇用確保のための措置を採用する会社は少数でした。

しかし、厚生年金の支給開始年齢を60歳から65歳にまで段階的に引き上げる法改正が行われたことで、定年後65歳までの間に、賃金も厚生年金も支給されない期間が発生し、生活の安定性を図ることのできない元労働者が続出することが危惧されました。これを機に、元労働者の60歳定年後から65歳までの期間の生活を保障するため、段階的に企業に対する高年齢者雇用確保措置の要請が高まっていき、平成16年には、会社に高年齢者雇用確保措置が義務付けられることになりました。

具体的には、**高年齢者雇用安定法**（P165コラム参照）第8条で、定年を定める場合には60歳以上とする旨を義務付け、さらに、高年法第9条1項で、高年齢者雇用確保措置として、①**定年の引き上げ**、②**継続雇用制度の導入**、③**定年の定めの廃止**のいずれかを採用することが義務付けられました。①、③は高年齢者を60歳までと同等の待遇で雇用し続けなければならないため、コスト高を懸念し採用される例は少なく、②の継続雇用制度を導入する会社が多数を占めるのが現状です。そして、多くの企業が採用する②の継続雇用制度のひとつが、上記2つの事例でも問題となる定年後再雇用制度なのです。

このように、高年法及びそのうちのひとつである定年後再雇用制度は、老齢厚生年金の受給開始年齢までの収入を確保するという趣旨のもとに、制度化されたものです。

●会社の再雇用拒否は適法か？

事案(1)は、定年後再雇用を会社が拒否した事例ですが、そもそも会社が定年後再雇用を拒否することはできるのでしょうか。結論としては、会社は定年後再雇用を拒否することは可能です。しかし、労働者が定年後再雇用を希望した場合には、解雇事由や退職事由に相当する事案でなければ拒否することはできません。この点は、厚生労働省が告示する「高年齢者雇用確保措置の実施及び運用に関する指針」において、「心身の故障のため業務に堪えられないと認められること、勤務状況が著しく不良で引き続き従業員としての職責を果たし得ないこと等就業規則に定める解雇事由又は退職事由（年齢に係るものを除く）に該当する場合には、継続雇用しないことができる」と定めていることからも明らかです。

事案(1)も指針と同様の基準を用いて、定年後再雇用の拒否の適法性を判示しています。すなわち、Xが少なくとも2日にわたり、自宅待機命令に反して外出に及んでおり業務命令に違反したこと、従業員全員で利用するため一度に大量の持ち帰りを遠慮するようにとの注意文書が出されていたにもかかわらず、合計80Lもの除菌水を持ち帰った事実は認定しました。

他方で、Y社の面談において概ね事実を認めて反省の弁を述べ、始末書を提出しており、その後同様の行為に及んだことも認められないこと、Y社においてもけん責処分にとどめていること、除菌水の持ち帰りについては、一定量を上限とするような明確な基準まではなかったうえ、一応、事前に関係会社に話を通していたことなどを踏まえると、当時のY社における新型コロナウイルス感染症対策の重要性や、Xの立場及び担当業務等のY社が指摘する事情を考慮しても、Xの上記行為が、職場の秩序を乱したとか情状が悪質であるなどの就業規則に定める解雇事由（前提事実等）に相当するほどの事情であるとはいえないと判示したのです。また、Xの人事評価が平均をやや下回っている事実も認定しましたが、解雇事由や退職事由に相当するほど著しく不良であるとはいえないとも判示しています。

なお、事案(1)ではもう一点、合意書の内容が限定的に解釈された点も注目すべきでしょう。読者の中には、事前に「労働者が就業規則に違反した場合には、使用者は定年後再雇用を拒否することができる」との文言で合意書を作成しておけば、解雇事由に該当するような事由がなくても、定年後再雇用の拒否が許されるのでは？　と考えた方もいらっしゃるかもしれません。そのような場合でも、「就業規則に違反した場合」が「解雇事由または退職事由に該当する場合」に読み替えられると判示したのが、事案(1)の判例なのです。これも、前記の高年法の趣旨である「老齢厚生年金の受給開始年齢までの収入を確保する」ことに反するからというのが理由となります。

●給与水準と職務内容は適当か？

事案(2)は、定年後再雇用にあたり、会社が提示した労働条件の内容が不当であり、裁判所から違法と判断された事例です。では、会社が提示すべき労働条件について制限はあるのでしょうか。この点について明記した法律は存在せず、行政が開示している指針にもそのような記載は見受けられません。だからといって完全な自由裁量で労働条件を定めていいかとなると、そういうわけにはいきません。この点を、理由を付けて判示し、一応の基準を示しているのが、この判例となります。

事案(2)で裁判所は、「提示した労働条件が、無年金・無収入の期間の発生を防ぐという趣旨に照らして到底容認できないような低額の給与水準であったり、社会通念に照らし当該労働者にとって到底受け入れ難いような職務内容を提示するなど実質的に継続雇用の機会を与えたとは認められない場合においては、当該事業者の対応は改正高年法の趣旨に明らかに反するものであるといわざるを得ない」とし、給与水準と職務内容の2点の基準から、定年後再雇用時に提示する労働条件が違法となる場合を明示しています。

その上で、給与水準は、老齢厚生年金の報酬比例部分の約85％であることを理由に、「無年金・無収入の期間の発生を防ぐという趣旨に照らして到底容認できないような低額の給与水準」ではないと判示しました。他方、職務内容については、定年前後の職務内容が「全く別個の職種に属するなど性質の異なったものである場合には、もはや継続雇用の実質を欠いており、むしろ通常解雇と新規採用の複合行為というほかないから、従前の職種全般について適格性を欠くなど通常解雇を相当とする事情がない限り、そのような業務内容を提示することは許されないと解すべきである」とし、Aが定年後再雇用にあたり提示された職務内容が、それまでの職種に属するものとは全く異なった単純労務職としてのものであり、改正高年法の趣旨に反する違法なものといわざるを得ないと判示したのです。

教訓と対策

●定年後再雇用の拒否には、解雇事由や退職事由と同程度の理由が必要

事件(1)では、定年後再雇用の拒否の理由となった事実が、解雇事由や退職事由には該当しないことを理由に、裁判所から違法と判断されました。この事件のように、就業規則違反や業務命令違反があった程度では、定年後再雇用を拒否できないことを念頭に置いておくべきでしょう。見方を変えれば、定年後再雇用を拒否するならば、普通解雇と同程度の準備が必要だということです。詳細は「解雇」（P68参照）に委ねますが、企業が準備を重ね、労働者に対して十分な説明を行い、問題行動や注意指導の記録を残しておくなど、問題行動に対して注意指導を怠らない、問題行動を初めて解雇事由に該当し、解雇が適法となるのです。したがって、定年後再雇用の拒否においても、該当者が問題行動を起こした際にしっかりと注意指導をしておくこと、記録に残しておくこ

とが必要となります。

また、会社側が「解雇事由に匹敵するような事由がなくても定年後再雇用を拒否できる」という趣旨の合意書を作成しても、かかる合意書の作成は徒労に終わる可能性が高いことについても、留意してください。

●定年後再雇用における労働条件の提示の際には、高年法の趣旨に反しないように注意が必要

事案(2)では、業務内容が、定年前の職種に属するものとは全く異なった単純労務職に変更されたことについて、高年法の趣旨に反するものとし、裁判所から違法と判断されています。定年後再雇用制度は、定年前と全く同一水準での再雇用を義務付けているわけではないため、判例も定年前と全く同様の職務を行わせることは要求していません。しかし、事務職から清掃業務というような、職務の性質が変わるような職務内容を提示してしまえば、高年法の趣旨に反しているとされ、裁判所から違法と判断されてしまうことに留意すべきでしょう。見方を変えれば、定年前の問題社員でも、解雇事由や退職事由に相当する事由がない限り、定年前の職種に属する職務内容を提示し、定年後再雇用を継続しなければならないということです。

なお、この事案では、定年後再雇用時に提示した給与水準が、厚生年金の報酬比例部分の約

85％の支給となる点から、適法であると判断されているため、定年後再雇用における給与水準として、厚生年金の報酬比例部分と同程度の報酬を支給することを1つの目安とすべきでしょう。

以上2つの事案で示したように、定年後再雇用制度は、老齢厚生年金の受給開始年齢までの収入を確保するという趣旨のもとに定められた制度であるため、定年後再雇用の拒否や、定年後再雇用の労働条件の提示には一定の制限がかかります。そのため、単に問題社員の定年後再雇用を回避するために、安易な理由付けで定年後再雇用を拒否したり、問題社員が承諾しないような給与水準や職務内容を提示したりすることは、高年法の趣旨に照らし違法と判断されるリスクが極めて高いと考えてよいでしょう。もし、定年後再雇用に関して対応に苦慮した場合には、本事案を他山の石として、「老齢厚生年金の受給開始年齢までの収入を確保する」という趣旨に反するか否かを検討してみてください。

コラム15

高年法と企業の義務

横澤 英一

高年齢者雇用安定法（以下、高年法）は、高年齢者が活躍できる環境整備を図るため、昭和61（1986）年に制定された法律です。制定当初は、60歳定年制を企業が努力すべき義務として宣言するものでした。同法の制定、助成金の支給等も相まって、平成6（1994）年には60歳定年制を採用する企業が、定年制を採用する企業の84％まで広がりました。同じ年、厚生年金の支給開始年齢を60歳から65歳にまで段階的に引き上げる立法措置がとられました。

これを受けて、元労働者の60歳定年後から65歳までの期間の生活を保障するため、企業に対する高年齢者雇用確保措置の要請が高まりました。平成16（2004）年には高年法の改正が行われ、会社に高年齢者雇用確保措置（①定年の引き上げ、②継続雇用制度の導入、③定年の定めの廃止のいずれかを採用すること）が義務付けられることになりました。本文で取り上げる「定年後再雇用」は、②継続雇用制度のひとつという位置付けです。

令和2（2020）年には、65歳から70歳までの就業確保措置を企業が努力すべき義務として宣言する改正が行われました。行政が公開する指針に基づいて、高年齢者のニーズに応じた措置を講じることが望ましいでしょう。

12
メンタルヘルスと休職

従業員が精神疾患により休職に。休職制度運用の秘訣は？

弁護士
中野 博和
（弁護士法人ロア・ユナイテッド法律事務所）

休職制度を設けるか否か、そして制度の内容をどのように定めるかは、基本的に各企業の自由である。A社では休職制度を設けているが、これまで休職制度を利用する者はいなかった。ところが、従業員X、Yの2名が精神疾患により同時期に休職した。初めての休職者対応に苦慮している中、Xが休職中にパチンコ店や風俗に通い、旅行をしていたことが判明。一方Yは、復職可とする医師の診断書を提出して復職を求めてきた。XとYそれぞれに対してA社はどのように対応すべきか？

事件の概要

●うつ病で休職中に風俗通い

A社は小売業を営む全従業員30名ほどの会社である。A社では、創業以来、従業員の中に精神疾患を患った者がいなかったこともあり、休職制度を設けていなかったが、競合他社の多くが休職制度を設けていることから、現在では、休職制度を定めている。

A社において休職制度が導入されてから間もなく、従業員Xの妻が交通事故で亡くなってしまった。Xは、慶弔休暇と年次有給休暇を取得し、いったんは精神状態が安定したかに思えたが、突然の別れにあまりにショックが大きかったのか、職務復帰してから1週間後に、療養2か月を要するうつ病と診断された。A社はXから診断書を受け取ったため、休職制度に基づき、Xに対し休職命令を発令した。Xは勤勉な性格で、勤務成績も良好であったことから、A社の社長はXに対し、「会社はX君の将来にとても期待している。休職期間は療養に専念して、焦らずしっかりと病気を治してきてほしい」と伝え、Xも「分かりました」と返事をした。

しかし、Xが休職してから1か月後、Xが休職中にパチンコ店に入り浸っているようであるとの目撃情報が、Xの同僚からA社に報告された。A社は探偵に依頼し、Xの素行調査を行ったところ、Xはパチンコ店に入り浸っているだけでなく、風俗にも足しげく通っていたり、1週間以上の旅行をしたりしていることなども判明した。そして、A社は、Xに対し事実関係を確認したところ、Xはこれらの事実をすべて認めたものの、「どれもプライベート中のことですし、気分転換として行っていたことなので、悪いことだとは思っていません」と述べた。

A社の社長は、このようなXの態度に激怒し、Xが療養に専念していないと判断し、減給の懲戒処分を行った。しかしながら、その2週間後にXの代理人弁護士から懲戒処分の撤回と、減給分の賃金の支払いを求める内容証明郵便が届いた。

●疑問符の付く診断書

一方、A社従業員であるYは、親しい友人がいわゆるヤミ金業者から借金をする際の連帯保証人となっていたため、その友人が夜逃げをしたことにより、ヤミ金業者がYを付け回したり、毎日のようにYの自宅を訪問したりするなどの厳しい取り立てを受けていた。そのような生活が数か月続いたことにより、Yは、療養1か月を要するうつ病と診断され、同様の内容が記載された診断書をA社に提出したため、Xが休職したのと同時期に休職に入った。休職に入ってから1か月が経過しようとしていた頃、Yは、再び療養1か月を要するうつ病という内容の診断書を提出したため、休職期間が1か月更新された。Yの休職は、その後さらに繰り返し更新され、通算5回目の更新のために療養1か月を要するうつ病という内容の診断書を提出したところ、A社の社長はYに対し「今後1か月の間に復職できなければ、休職期間満了により退職となるぞ」と伝えた。

Yは、金銭的に余裕がない状況であったため、会社を辞めさせられるのは困ると考え、主治医に対し、休職前と同様に勤務することが可能であるとの診断書を出してほしいと頼んだ。主治医は、Yがメンタルクリニックに毎週通院しており、比較的強い抗うつ剤と睡眠導入剤が処方されていたことから、Yが休職前と同様に勤務することは難しい状態であると考えていたものの、Yの強い希望を受け、休職前と同様に勤務することが可能であるとの診断書を発行した。

Yは、休職前と同様に勤務することが可能であるとの診断書をA社に提出して復職を求めたが、これが休職期間満了による退職の可能性を示されてからわずか1週間後のことであったため、A社の社長は、Yが新たに提出してきた診断書の信用性に疑問を持ったが、専門家である医師が発行していることもあり、どのような対応をすればよいのか思いあぐねている。

課題解説

●休職制度を設ける必要性について

従業員が業務とは関係のない理由でケガを負ったり、病気になったりすることにより、通常どおり働くことができなくなった場合には、従業員は労務を提供するという、労働契約における義務を果たすことができていないわけですから、解雇となるのが原則です。もっとも、しばらくの間休んで療養してもらえばケガや病気などが治る見込みがあるにもかかわらず、解雇となってしまうのでは、従業員自身にとっても酷であるだけでなく、会社にとっても貴重な人材が流出してしまうことになります。日本においては、労働力人口が年々減少しており、人手不足が叫ばれていることからすれば、人材流出は会社にとっては死活問題であるといえます。

休職制度は、ケガや病気などにより、通常どおり働くことができなくなった従業員に一定期間休んで療養してもらい、期限内に復帰することができれば復帰してもらい、期限内に復帰することができなかった場合には退職してもらうという制度です。要するに休職制度は、解雇を一時的に猶予するものです。

ここで、あえて制度化しなくとも、従業員がケガや病気となったときに柔軟に対応していけばよいのではないか、と考える方もいるかもしれません。しかし、それではいつまでに治らなければ退職とすることができるのかが明確ではありません。休職制度において、合理的な休職期間を定めておけば、休職期間が満了するまでに休職の理由となったケガや病気が治癒しなければ、退職となります。なお、会社の判断で休職期間を延長させることができると定めておけば、状況に応じて休職期間を延長させることも可能です。

●療養専念義務

すでに述べたように、休職制度は本来であれば解雇となるところを一時的に猶予するものです。

このような休職制度の趣旨からすれば、休職している従業員は、休職の原因となったケガや病気の療養に専念すべき義務（**療養専念義務**）を負うといい得るでしょう。

実際の裁判例（マガジンハウス事件・東京地判平成20年3月10日労経速２０００号26頁）でも、「私傷病欠勤を認めている趣旨は、原告（筆者注：従業員）が療養に専念できるための環境を経済面で整え、療養を支援する趣旨以外には考えられない。このことからすれば、……原告は、休職期間中、前記の趣旨を踏まえた生活を送ることが望ましいというべきであるから、原告がかかる趣旨に反した行動を取った場合に、そのことに対する就業規則に則した服務規律違反が問われることはやむを得ない」と判断されています。

●復職の可否の判断

復職の可否の判断基準は、裁判例（日本電気事件・東京地判平成27年7月29日労判１１２４号5頁、綜企画設計事件・東京地判平成28年9月28日労判１１８９号84頁等）では、原則として、従前の職務を通常の程度に行える健康状態になった場合、または当初軽易作業に就かせればほどなく従前の職務を通常の程度に行える健康状態になった場合をいうものとされています。

この点につき、判例（片山組事件・最一小判平成10年4月9日労判７３６号15頁）では、「労働者が職種や業務内容を特定せずに労働契約を締結した場合においては、現に就業を命じられた特定の業務について労務の提供が十全にはできないとしても、その能力、経験、地位、当該企業の規模、業種、当該企業における労働者の配置・異動の実情及び難易等に照らして当該労働者が配置される現実的可能性があると認められる他の業務について労務の提供をすることができ、かつ、その提供を申し出ているならば、なお債務の本旨に従った履行の提供がある」と判断されています。すなわち、職種や業務内容を特定していない従業員（いわゆる正社員など）の場合には、休職前と同様に勤務することが可能でなくとも、その従業員の能力や経験等から考えて、適している業務があり、従業員自身も、その業務を行うことを申し出ている場合には、復職が可能であると判断されることになります。

また、ケガや病気の回復の程度は専門家である医師の診断を参考にしなければ判断が困難であるため、従業員が復職を求める場合は、主治医や産業医の診断書等の提示を求める就業規則が多いようです。もっとも、診断書は、例えば「症状軽快のため、復職を可とする」とのみ記載されるなど、その記載のみではどのような根拠で復職可能であると判断したのかが判然としないものが多いです。裁判例（名港陸運事件・名古屋地判平成30年1月31日労判１１８２号38頁）では、「原告（筆者注：従業員）の健康状態については、本件診断書の内容のみならず、休職事由となった私傷病の内容や症状・治療の経過、原告の業務内容やその負担の程度、原告の担当医や被告（筆者注：会社）の産業医の意見等を総合的に斟酌し客観的に判断」するものとされています。そのため、会社としては、復職を可とする診断書の内容を鵜呑みにするのではなく、休職者の同意を得たうえで、主治医に対して、復職可とした根拠を直接確認するなどの対応を行う必要があるでしょう。

また、一般的には主治医は、休職者の病状等は正確に把握できているものの、会社の業務の具体的な内容について必ずしも正確に把握できているとはいえないことが多いものです。そのため、主治医の意見だけでなく、会社の業務内容について把握している産業医等の意見も聞く必要があるでしょう。

●本事案の検討

(1) Xについて

本事案では、A社では休職制度が設けられていますが、まずXについては、パチンコ店や風俗に入り浸っていること、及び1週間以上の旅行をしたりしていることが問題となっています。

それでは、Xは、療養専念義務に違反しているということができるのでしょうか。結論から言えば、Xの行動は直ちに療養専念義務に違反するものではないと考えられます。なぜならば、Xは、うつ病により休職しているものの、パチンコや風俗に入り浸っていること、及び旅行をすることは、いずれも本人のプライベートの問題であるのみならず、本人にとっては気分転換になり、むしろうつ病の症状を改善させるきっかけにもなる可能性があるともいえるからです。

したがって、本事案では、療養専念義務違反を理由として懲戒処分を科すことはできず、減給処分は無効となる可能性が高いのです。

ちなみに、例えば、ケガを理由に休職しているにもかかわらず、患部に負荷をかけるスポーツを行っているような場合には、療養専念義務違反と問える可能性が高いといえるでしょう。

(2) Yについて

他方、Yについては、主治医が作成したYの復職を可とする内容の診断書を踏まえて、A社がYの復職を認めるか否かが問題となっています。

Yが復職を可とする診断書を提出してきたのは、休職期間満了による退職の可能性を示されてからわずか1週間後であるというだけでなく、Yが療養1か月を要する診断書を提出してからも1週間後であり、本当に復職が可能であるか疑問に思うのは当然でしょう。

先述のように、診断書の記載のみでは主治医がどのような理由で復職を可とする診断に至ったのかが分からないため、会社側において、主治医に対して診断の根拠を直接確認する必要があります。そのため、従業員から許可を得たうえで、会社側が主治医と直接面談をすべきでしょう。

また、主治医との面談においては、診断の根拠のみならず、復職した場合に担当する業務の具体的な内容や負荷状況等について説明したうえで、当該説明を踏まえても復職可という診断が適当であるのかを確認し、適当といえる場合にはその根拠等をさらに確認することが必要でしょう。

なお、このような事案においては、実際に会社側が主治医にヒアリングをしたところ、主治医は従業員が休職前と同様に勤務をすることは難しいと考えていたものの、休職期間満了による退職となることを避けたい当該従業員の強い希望を受けて復職を可とする診断書を作成したという経緯が認められ、主治医の復職可の診断書は、専ら退職となることを避けたい労働者の意向によるものであったなどとして、その信用性を否定した裁判例（コンチネンタル・オートモーティブ事件・東京高判平成29年11月15日労経速2354号3頁）もあります。

教訓と対策

●あらかじめ就業規則等で対策を

一般的には、従業員が療養専念義務を負い得ることはすでに述べたとおりですが、個々の具体的な事案において、従業員が療養専念義務を負うか否かは、各会社の休職制度の内容等によって異なる可能性がありますので、争われる余地のないように従業員が療養専念義務を負うことを就業規則等で定めておくのが賢明です。

また、復職の可否については、診断書の記載のみでは判断できないため、会社が主治医と面談することに協力しなければならず、これに協力しない場合には診断書の信用性を認めない旨を就業規則に規定するとよいでしょう。加えて、主治医の意見だけでは客観性が担保できないため、産業医や指定医との面談を命じることができる旨を就業規則に規定しておくと万全です。

会社側が主治医と面談することなどについては、担当者にとって手間がかかりますが、休職期間満了による退職とする場合には、仮にこれが無効であると裁判所に判断されたときは、会社は従業員を復職させなければならないだけでなく、退職扱いにしていた期間中の賃金に相当する金銭を支払わなければならなくなりますので、慎重な判断が求められます。

復職可否の判断をするための資料をきちんと収集できるよう、会社の就業規則を整備しておくことが非常に重要です。

13
副業

従業員が会社に無断で副業！ 果たして懲戒処分にはできるか？

弁護士
野澤 航介
（福家総合法律事務所）

Aは、B社で事務員として勤務していた。

B社の就業規則では、従業員が会社の承認を得ないで在籍のまま他に雇われたときには、その実情に応じ、懲戒処分を行う旨が規定されている。しかし、Aは会社に無断で芸能事務所と労働契約を締結し、勤務終了後にいわゆる〝ライバー〟として自宅からライブ配信を行い、収益を得ていたことが分かった。

果たしてB社は、いかなる対応をとることができるのか。

事件の概要

B社は、総合建設業、一般土木建築工事業等を目的とし、東京都港区に本店を置くほか、関東地方に8か所の支店と7か所の営業所を構える資本金1億8000万円の株式会社である。

Aは、令和4年2月25日、B社に雇用され、それ以来、同港区所在の営業所に事務員として勤務してきた。Aの営業所での勤務時間は、午前9時から午後6時までであり、その具体的な職務内容としては、電話連絡の処理、営業所内の清掃、書類整理等であった。

一方でAは、令和4年4月8日から令和5年3月4日までの間、芸能事務所と労働契約を締結して、B社の勤務時間終了後、同港区所在の自宅において午後7時頃から翌午前1時頃までの一日あたり約6時間、週5日ほどの頻度で、いわゆるライバーとしてライブ配信を行って月額20万円ほどの収益を得ていた。

Aは、就業時間中、居眠りが多く、残業を断るなどの就業態度が見られた。またAは、採用面接の際、B社に入社する以前に、同港区所在のクラブCや同中央区のクラブDにおいてホステスとして勤務していた履歴を申告していなかった。

なお、AはB社の採用面接の際、最低月給として20万円を希望し、月給が20万円に満たない場合には、他にアルバイトや副業をしなければ生活していくことができないと述べていた。しかし、B社の就業規則には以下の定めが存在しており、B社がAの副業を認めた事実はない。

第30条（懲戒処分の種類）
懲戒処分の種類は、けん責、減給、出勤停止、昇給停止、降格、諭旨解雇、懲戒解雇とする。
第31条
社員が次の各号の一に該当するときは、その情状に応じ前条の規定による懲戒処分を行う。
四　会社の承認を得ないで副業をしたとき……

B社としては、Aに対し何らかの懲戒処分を検討している。

課題解説

●労働契約と職業選択の自由

労働者と会社は、労働契約によって、勤務時間をあらかじめ合意しているわけですから、原則として、労働者は勤務時間以外の時間帯に、寝ていようとも、食事をしていようとも、何をしていようとも会社との関係では会社から制限を受けるいわれはありません。

また、憲法第22条第1項は、以下のとおり国民に対し、職業選択の自由を保障していますから、労働者は勤務時間以外の時間帯に他の仕事をすることも、原則としては可能であると考えられます。

「何人も、公共の福祉に反しない限り、居住、移転及び職業選択の自由を有する」

したがって、原則として、副業を行うことは制約されません。

●会社への労務提供に支障をきたす蓋然性

しかしながら、人間は、いくら働きたいという意欲があったとしても永続的に働くことはできません。そのため、法律で**法定労働時間**(注1)などを定めています。裏を返せば、法定労働時間や勤務時間を超えている場合には、会社の業務に支障をきたすおそれがあるということです。

労働者は、労働契約に基づき、勤務時間内には会社からの支配を受ける関係に立つわけですから、勤務時間外の事象を理由とする場合であっても、労働契約の対象である勤務時間に影響を生じさせるとなれば、会社としては労働者に対し一定の制限をかけることに合理性が生じます。

したがって、例外的に、労働時間外の労働者の行動を制約するような副業禁止規定とそれに基づく懲戒処分は、会社への労務提供に支障をきたす蓋然性がある場合に有効であると考えられています。

＊1　法定労働時間
原則として一日8時間、週40時間を超えて労働させてはならない(労働基準法第32条)。

●過去の裁判例の傾向

過去の裁判例の傾向を見ても、以下のような3類型がありますが、大きな枠組みで考えると、副業を行う労働者と業務上の支障を天秤にかけて、労働者と会社の利害関係を調整しています。

①禁止されている副業はどのような副業か、という観点から懲戒処分の要件を満たしていたのかを考える方法

②他の企業と継続的な雇用関係に入ったか、という観点から懲戒処分の相当性を考える方法

③形式的には副業禁止違反であるとして、かかる違反を理由とする懲戒処分が権利濫用に当たらないかという観点から考える方法

副業禁止違反により、会社が何らかの懲戒処分を行った場合、労働者に不満があるときに紛争化するため、懲戒処分の有効性が主たる問題となります。裁判所は、当該事案ごとに懲戒処分の有効性を判断しており、中には、懲戒処分が無効とされてしまった事例もあります。

なお、上記事案は、従業員がキャバレーで副業をしていた小川建設事件（東京地判昭和57年11月19日労民集33巻6号１０２８頁）を参考として作成したものです。同事件においての要旨は以下のとおり、解雇は有効であったと判断されています。

（一）就業規則における兼業制限規定の合理性

法律で兼業が禁止されている公務員と異なり、私企業の労働者は一般的には兼業は禁止されておらず、その制限禁止は就業規則等の具体的定めによることになるが、労働者は労働契約を通じて一日のうち一定の限られた時間のみ、労務に服するのを原則とし、就業時間外は本来労働者の自由であることからして、就業規則で兼業を全面的に禁止することは、特別な場合を除き、合理性を欠く。しかしながら、労働者がその自由なる時間を精神的肉体的疲労回復のため適度な休養に用いることは次の労働日における誠実な労働提供のための基礎的条件をなすものであるから、使用者としても労働者の自由な時間の利用について関心を持たざるをえず、また、兼業の内容によっては企業の経営秩序を害し、または企業の対外的信用、体面が傷つけられる場合もありうるので、従業員の兼業の許否について、労務提供上の支障や企業秩序への影響等を考慮したうえでの会社の承諾にかからしめる旨の規定を就業規則に定めることは不当とはいいがたく、したがって、同趣旨の就業規則の規定は合理性を有するものである。

（二）債権者の行為の兼業禁止規定該当性

労働者は、採用面接にあたって他へ二重就職する予定であることを使用者に告知し、使用者はこれにつき黙示の承諾を与えた旨主張するが、労働者は、採用面接に際し、月給として最低一三万円を希望し、月給が一三万円に満たない場合には他にアルバイトすることも考えなければ生活していけない旨を述べたことは窺われるが、その後、実際にキャバレーに勤務を始めるにあたって、労働者が使用者に対してその勤務先や勤務内容等を具体的に特定して二重就職の具体的承諾を求めたこと、あるいは、使用者が労働者の二重就職をすることを黙示に承諾していたことを認める疎明《そめい》はなく、したがって、労働者の右キャバレーへの勤務は就業規則にいう「会社の承諾を得ないで在籍のまま他に雇われたとき」に該当するものと認めることができる。

（三）本件解雇の相当性

就業規則の規定は、前述のとおり従業員が二重就職をするについて当該兼業の職務内容が会社に対する本来の労務提供に支障を与えるものではないか等の判断を会社に委ねる趣旨をも含むものであるから、本件労働者の兼業の職務内容のいかんにかかわらず、労働者が使用者に対して兼業の具体的職務内容を告知してその承諾を求めることなく、無断で二重就職したことは、それ自体が企業秩序を阻害する行為であり、使用者に対する労働契約上の信用関係を破壊する行為と評価されうるものである。

そして、本件労働者の兼業の職務内容は、使用者の就業時間とは重複してはいないものの、軽労働とはいえ毎日の勤務時間は六時間に互りかつ深夜に及ぶものであって、単なる余暇利用のアルバイトの域を越えるものであり、したがつて当該兼業が使用者への労務の誠実な提供に何らかの支障をきたす蓋然性が高いものとみるのが社会一般の通念であり、事前に使用者への申告があつた場合には当然に使用者の承諾が得られるとは限らないものであつたことからして、本件労働者の無断二重就職行為は不問に付して然るべきものとは認められない。

更に、労働者には、本件二重就職の影響によるものか否かは明らかではないが、就業時間中居眠りが多く、残業を嫌忌する等の就業態度がみられ、また、本件解雇後の事情ではあるが、労働者は、採用面接に際して使用者に提出した履歴書中には他の水商売関係への勤務経歴を脱漏させていた節がみられることや、前記横浜地方裁判所での地位保全等仮処分事件の労働者本人尋問において、後の供述で訂正はしたものの、使用者に雇用されている事実を隠蔽する供述をしたことなどが使用者の労働者に対する信用を一層失わしめることとなったことがそれぞれ認められる。

これらの事情を総合すれば、使用者が前記労働者の無断二重就職の就業規則違背行為をとらえて懲戒解雇とすべきところを通常解雇にした処置は企業秩序維持のためにやむをえないものであつて妥当性を欠くものとはいいがたく、本件解雇当時労働者は既に前記キャバレーへの勤務を事実上やめていたとの事情を考慮しても、右解雇が権利濫用により無効であるとは認めることができない。

逆に、解雇が無効とされた事例には、病気休職中に内職をしていたことを理由として解雇を行った平仙レース事件（浦和地判昭和40年12月16日労判15号6頁）などがあります。

教訓と対策

●懲戒処分の相当性

以上のとおり、会社が従業員の副業を禁止することについては、従業員の当該副業により、会社の本業に支障をきたす蓋然性がある場合には有効となります。そのため、副業を禁止したい会社においては、副業禁止規定を就業規則に規定しておくことには、合理性があります。

近年では、副業の幅が広がり、YouTubeに動画を投稿して収益を上げたり、ライトノベルを出版したりと、収益を上げる方法が多数存在するため、副業に関するルール作りを進めることは急務です。

しかしながら、副業禁止規定を設けており、従業員が副業を行ったといっても、ただちに懲戒処分を行うことには慎重になるべきです。懲戒処分の手続きや、懲戒処分を行う場合に気を付けるべき点については、本書Ｐ２０３「懲戒処分」をご参照ください。

●副業はより許可されやすい傾向にある

近年では、平成30（2018）年に厚生労働省から「副業・兼業の促進に関するガイドライン」が出されたこともあり、むしろ副業を促進する企業が増加してきています。また、人的資本経営が注目される昨今、より優秀な人材を採用するためにも、採用した優秀な人材を流出させないためにも、副業を認めるほうが合理的であるように思われます。

そのため、これまでは副業を禁止としていた就業規則について、届出制や許可制とするように就業規則の改正を行い、従業員の副業の実態を適切に把握し、監督するという方向性を検討することは有意義です。

YouTube投稿などに積極的である従業員については、たとえば会社のウェブ広告戦略の担当者に抜擢するなど、副業を禁止しないことによって会社に利益を生じさせる方法も多数あるかと思われます。

●残業代の計算

副業や兼業を許可した場合においては、副業や兼業と本業の労働時間を合計して法定外労働があるか否かを判断することとなり、複雑なものになるため注意が必要です。その意味でも、副業や兼業については、実態を適切に把握する必要があります。副業に関する就業規則の改正と残業代の計算方法については、弁護士に相談し、他の従業員との平等性を担保するなどの対策も必要でしょう。

コラム16

競業禁止と防衛策

野澤 航介

近年、会社の従業員が、その会社のノウハウや取引先を基に、別の法人を設立し、元々所属していた会社のライバル事業を営んだことによるトラブルの例が散見されます。

例えば、筆者が所属する弁護士事務所で取り扱った事例としては、以下のものがあります。

依頼者は、A社の代表取締役を務めている方でした。A社には、取締役であるBがいます。Bは、A社に参画する以前、A社と同内容の業務である人事・採用の支援を業務内容とする会社で依頼者の同僚として働いていたので、そのノウハウを評価されて、A社の副社長（取締役）としてA社に参画しました。依頼者とBは、プライベートでも親交があり、依頼者が設立したA社にBが加わることになったのです。

ところが、Bは、A社の取締役に就任したのち、自分が代表取締役であるC株式会社を設立し、A社の取引先とC株式会社として取引をするようになってしまったという相談でした。自分が育ててきた従業員が、自分のライバルとなり、さらには自分の取引先を奪っていったということもあり、依頼者としては裏切られたという思いが強かったように思います。

このようなケースを会社が予防する方法としては、従業員による取引先のリストなど企業秘密の漏洩を防止するために情報管理規程を設ける、従業員が退社する際に秘密保持契約を締結するなどが考えられます。取締役の場合は、就任する際の委任契約に、取締役の退任にあたっては競業避止義務を負う条項を設けるなどの対策が可能です。

また、実際にこのようなケースが発生してしまった場合には、会社法違反、不正競争防止法違反等を理由として損害賠償請求を行うことが考えられます。例えば、会社法において、取締役を含む役員には、善管注意義務が課せられており、競業取引は原則として禁止され、損害賠償請求を行うにあたっても損害の推定規定があるため、損害賠償請求を優位に進めることが可能です。

なお、不正競争防止法において禁止されている不正競争には、以下のようなものがあります。

- 周知表示混同惹起（第2条第1項第1号）
- 著名な商品等表示の冒用（同第2号）
- 模倣品販売（同第3号）
- 営業秘密の侵害（同第4号～第10号）
- 限定提供データの不正取得等（同第11号～第16号）
- 技術的制限手段の効果を妨げる装置等の提供（同第17号及び第18号）
- ドメイン名の不正取得等（同第19号）
- 商品・サービスの原産地、品質等の誤認惹起表示（同第20号）
- 信用毀損行為（同第21号）
- 代理人等の商標冒用（同第22号）

14
SNSと不適切投稿

従業員がSNSに会社の暴露情報を投稿！

従業員の一人が、SNS上に勤務する会社を誹謗中傷する書き込みを行ったうえ、社外秘にしている情報まで記載した。会社はその従業員から事情を聴き、削除するよう指示したが、従業員はこれを頑なに拒んでいる。一体どうすればよいか？

弁護士
髙津 陽介
（髙津・平岡法律事務所）

事件の概要

●SNSに「社畜」

A社は、東京とその近県の主要都市で、「Z塾」という屋号で学習塾を展開している株式会社である。東京とその近県の中上位クラスの高校生及び予備校生を主要なターゲットとして、東京近郊の国公立大学及び上位私立大学の合格実績を伸ばすことを目指している。A社は、きめ細かい個別指導を重視している経営方針が功を奏し、近年、確かな合格実績を積み重ね、保護者からの信頼を勝ち取り、業績が着実に上がっている状況にあった。

ところが、令和5年6月1日、A社本部のB部長は、部下から、千葉県C校所属の専任講師Xが、実名で運営しているFacebookに、会社を誹謗中傷する内容の書き込みを行っているとの報告を受けた。

B部長はそれを確かめるべく、Googleで「Z塾　X」と検索すると、「X」という氏名で運営されているFacebookのアカウントを発見した。

同Facebookには、書評、映画評、紀行文などのほか、「社畜」と題する書き込みで、「Z塾はギネス級のワンマン組織。地方校の校長はみんな東京本校への栄転を狙うのに必死で、本校長（社長）のご機嫌ばかりうかがっている。生徒のことなど偏差値でしか見ていない。生徒の将来のことなどまるで考えていない」などと記載されていた。

また、「質疑応答①」と題する書き込みでは、「Q．先生のお給料はいくらですか？」の記載の後に、「A．給料は大してもらえていません。プロ野球の育成選手に毛が生えた程度とでも言っておきましょうか。地方校の専任講師などその程度のものです。しかし、公式の回答としては『社外秘なのでいえない』ということになります。オープンにしてしまうと低賃金で働かせていることが世の中にバレて、優秀な講師ほど他社に引き抜かれてしまうからでしょうねｗｗｗ」と記載されていた。

さらに、「質疑応答②」と題する書き込みでは、「Q．千葉県C校には各科目何人の専任講師がいますか？」の記載の後に、「A．Z塾では、専任講師が何人所属しているかというどうでもいいことも社外秘とされています。私調べですが、直近の名簿によれば、専任講師は、英語が8人、数学が5人、現代文3人、日本史2人、世界史2人で、古文、漢文、物理、化学、生物、地理、政治・経済は1人ずつです。専任講師の数はこんなもので、後はアルバイトの先生たちです。Z塾は、社外秘にする必要のないこともことごとく社外秘扱いにする秘密大好きの秘密結社なのですwwwこんな体質ではこの塾に未来はありません」と記載されていた。

●会社の削除指示に応じず

B部長は、本部とも対応を協議し、さらなる調査を進めたところ、当該FacebookにはXの学歴・職歴が記載されていること、プライベートでのXの写真が多数掲載されていること、Xの「友達」（XとFacebook上でつながりのある利用者）は約800人であること、当該Facebookは公開設定にされており、アドレスを知っている者であれば世界中からアクセス可能で、検索エンジンで「Z塾　X」「X　塾講師」などキーワードを入力すると、誰でも容易にXのFacebookにたどり着けることなどが判明した。

B部長は、令和5年6月5日、Xを呼び出して事情を聴取した。

Xは事情聴取の中で、当該FacebookはX自ら運営しているものであること、Xが大学生の頃から開設した個人的なものであることなどを説明した。また、「社畜」「質疑応答①」「質疑応答②」の各書き込みは就業時間外に、就業場所以外の場所から投稿したものであることが確認された。

B部長は、「社畜」の書き込みは会社を誹謗中傷する内容であり、「質疑応答①」と「質疑応答②」の書き込みは社外秘の情報を漏洩する内容であることを指摘したが、Xは、真実を書いただけで、講師としての自らの人気を高め、ひいてはZ塾の知名度を高めることにもなるから何ら問題はないと回答した。

B部長は、Xに対し、これら3つの書き込みを削除することと、以後、Facebookへの投稿を控えるよう指示した。

しかし、Xは、真実を書いただけなので問題があるとは思っていないと反論し、削除には応じず、その後も投稿を続けた。その後の投稿は書評などのみで、会社にとって問題のある投稿はこれまでのところなされていない。

なお、A社の就業規則には、次ページの規定があった。

第20条　業務上の都合により転勤、職務の変更又は出張を命ずることがある。

第30条　従業員は、次の各号を遵守しなければならない。

①　会社の経営方針を害するような行為をしないこと
②　会社の機密を漏らさないこと
③　（以下省略）

第40条　従業員が次の各号の一に該当する行為をした場合、けん責、減給、出勤停止、降格、諭旨解雇、懲戒解雇などの懲戒処分を行う。

①　就業規則に違反したとき
②　（以下省略）

課題解説

●状況整理

本件設例の事案では、外部（特に保護者）からの評判が極めて重要な学習塾事業において、専任講師がソーシャル・ネットワーキング・サービス（SNS）に会社の誹謗中傷や、会社の秘密を漏洩する書き込みを行っていることが発覚しました。会社は当該書き込みを削除させ、一刻も早く信頼回復に向けた対応をとる必要がありますが、会社の意に反し、当該専任講師は削除に応じません。さて、このような状況で、会社はどのように対応したらよいでしょうか。

●対応方針

従業員がSNSに問題となる投稿をしていることが判明した場合、以下の対応をとることが考えられます。

①削除命令

まずは何と言っても問題となる投稿を削除させることでしょう。

使用者は、労働契約を締結している労働者に対し、労働契約の範囲内で業務命令権を有しています。労働契約上許されない行為を禁止することができ、これに反する行為をした場合の是正措置として、SNSへの書き込み部分の削除を業務命令として発することができます。

本件設例でも、A社では、就業規則上、会社の経営方針を阻害する行為(就業規則第30条1号)や会社の秘密を漏洩する行為（就業規則第30条2号）は禁止されています。したがって、A社は、Xに対し、労働契約上許されない「社畜」「質疑応答①」「質疑応答②」の各記事の削除を命じることができます。

もっとも、業務命令権は労働契約の範囲内でのみ認められるもので、SNSを開設することやそれに投稿することは本来的には労働者のプライベートの問題なので、労働契約上問題とならない投稿部分を含めたFacebook全体の削除を命じることや、一切の禁止をするほどの合理的理由はないため、SNSそれ自体を禁止することはできません。日本経済新聞社事件（東京地判平成14年3月25日労判827号91頁）でも、問題となる部分を特定せずホームページ全体の削除を命じた業務命令は無効と判断されています。

②懲戒処分

A社は、Xに対し、「社畜」の記事投稿については就業規則第30条1号違反、「質疑応答①」及び「質疑応答②」の記事投稿については就業規則第30条2号違反を理由に、就業規則第40条1号を根拠に、懲戒処分を行うことができます（P203参照）。

A社の就業規則では、懲戒処分の種類は、けん責、減給、出勤停止、降格、諭旨解雇、懲戒解雇と規定されていることから、当該行為の性質、態様、経緯、動機、会社に与えた損害の程度、同種事案の処分例その他の事情を考慮して、どの処分が適当かを判断することになります。あまりに重すぎる場合、同種事案との公平性に欠ける場合、手続き的な相当性を欠く場合など、客観的合理性、社会的相当性が認められないときは、懲戒処分が無効となるので注意が必要です。問題となる行為を具体的にどのように行い、なぜ行い、それが会社にどのような損害を与えたかが最も重要ですので、従業員本人から十分な事情聴取を行います。そして、聴取した内容はできるだけ詳細に記録に残しましょう。

本件設例では、Facebookというポピュラーな SNSを使って、学歴・職歴を記載したり、プライベートの写真を多数掲載したりして、X本人の発信であることが外形上も明らかな形式で、約800人もの「友達」を有しつつ、かつ公開設定で誰でもアクセス可能な状態にしながら、「社畜」の書き込みをしたことは、Z塾の組織を批判し、学習塾にとって最も重要であるはずの生徒のことを蔑ろにし、A社の名誉を毀損する表現に相当するといえます。また、「質疑応答①」は専任講師の給与額、「質疑応答②」では専任講師の配属人数という学習塾経営にとって最も重要な部類の情報を、その重要性を十分に分かっていながらそれを漏洩しているものです。

Xは、削除命令にも応じておらず、反省の色もうかがえません。そこで、具体的な影響その他の事情にもよりますが、数日間の出勤停止でも重きに失することはないと考えます。

量刑判断において基礎としている事情が全く同じというわけではありませんが、前述の本件設例と同種の事案の日本経済新聞社事件では、14日間の出勤停止処分が有効と判断されています。

③配置転換

A社では、業務上の必要性があるならば、懲戒処分とは別に、Xを専任講師以外の職務や、千葉県C校以外の職場に配置転換することが考えられます。

A社は、就業規則第20条で転勤や職務の変更が予定されており、Xとの労働契約にもそれらを限定する特約が付されていたという事情は見当たらないので、業務上の必要があり、不当な動機によるものではなく、通常甘受すべき著しい不利益を課すものでない限り、配置転換を命じることができます（P24『人事異動』参照）。

本件設例では、懲戒事由が専任講師としての業務に関連して生じたものなので、生徒や保護者の信頼を害する程度が大きい性質のものということができ、引き続きXを専任講師として業務に従事させることは適当でないという判断は合理的です。

したがって、専任講師業務以外の業務（例えば、運営本部や企画開発部など）を担わせる業務上の必要性があり、Xを退職に追い込むつもりなどの不当な動機ではなく、Xが転勤困難な病気を抱えているなどの特別な事情がない限り、基本的には配置転換を命じることができます。

ただし、実際には、配置転換によりむしろ余計な風評を生み出す側面もあるため、配置転換の判断は困難を極めるものと想像します。

④損害賠償請求

A社は、Xに対し、会社の名誉を毀損したとして、これによって生じた会社の損害について、損害賠償請求（民法第415条、第709条、第710条）をすることも考えられます。

もっとも、使用者が労働者に対して行う損害賠償請求は、通常の一般私人同士の場合に比べて、かなり制限されます。なぜなら、労働法の世界では、使用者の指揮命令下で労働者が労務を提供し、使用者はそれによって経済的利益を得るという構造であることから、労働者の労務提供に関する債務不履行または不法行為責任のすべてを労働者側に負わせることは妥当ではなく、損害の公平な分担という見地から、信義則上相当と認められる限度においてのみ損害賠償請求ができると考えられているからです。より具体的には、故意や重過失がある場合以外は、そもそも請求が認められないと判断されたり、請求が認められる場合でも、使用者側の落ち度などを考慮して、責任を2分の1や4分の1に軽減させるケースが多いのです。

したがって、本件設例でA社が現実的にとり得る方策にはならないでしょう。そもそも、Xとの雇用関係を継続させる以上、不適切な投稿を削除させ、きちんと反省してもらったうえで、与えられた業務を全うしてもらうことが本質となるはずです。

⑤刑事告訴

A社は、名誉毀損罪(刑法第230条)または営業秘密侵害罪(不正競争防止法第21条1項)などに該当するとして、Xを刑事告訴することも考えられます。

もっとも、いずれも犯罪が成立するには故意が必要で、それに加えて営業秘密侵害罪では、不正の利益を得る目的または加害目的も必要になります。また、名誉毀損罪は、指摘した事実が公共の利害に関する事実で、その指摘が専ら公益を図る目的でなされたもので、指摘した内容が真実であった場合、犯罪は成立しません(刑法第230条の2)。

そこで犯罪が成立するかを慎重に見極めたうえで、あまりに行為態様が悪質で、会社に甚大な被害が生じており、会社の調査だけでは未解明な部分が多いというケースでは、刑事告訴を行い、捜査機関による捜査に判断を委ねることも検討すべきでしょう。

●まとめ

以上のとおり、本件設例においては、やはりまず何よりも、問題のある投稿を削除するよう繰り返し要請することが重要です。そして、社内秩序を維持し、今後、問題のある同種行為を行わせないようにするため、問題行為の悪質さに見合った懲戒処分を行いましょう。業務上の必要があれば配置転換も検討すべきです。損害賠償請求や刑事告訴は、会社に生じた損害の甚大さ等の調査を進め、その間のXの事後対応の様子などによって、その実施の要否・適否を判断することになると思われます。

削除に応じようとしないXとは、繰り返し面談を行い、当該行為の何が問題なのかを丁寧に説明する必要があります。それでも削除に応じない場合、業務命令違反を理由とする懲戒処分を行うことも検討すべきです。

教訓と対策

●情報があっという間に拡散

Facebook、X（旧Twitter）、Instagram などのＳＮＳは、登録した利用者同士が交流できるインターネット上の会員制サービスです。友人、知人をはじめとして、共通の趣味を持つ者、近所の者などが交流し、利用者間でコミュニケーションをとることを可能にし、設定により、投稿内容を公開する範囲を変更することができます。(注1)他方、友人、知人をベースとした会員制サービスという体裁であるため、投稿者本人は身内へのコミュニケーションの感覚で熟慮することなく投稿したり、承認欲求から大袈裟で過激な投稿をしてしまったりするのです。

また、スマートフォンの普及と相まって、その情報発信は、簡単に、迅速に行うことができ、情報の発信と同時に、世界中の誰でもが閲覧可能という状態に置かれます。情報の転送、共有、拡散、編集も容易です。一度行った情報発信は、インターネットを通じて急速に拡散し、投稿自体を削除しても、第三者によって保存され、半永久的に残存する可能性があるという特徴があります。

したがって、SNS上で発信された良い情報が会社や商品の評判を一気に高めることがある一方で、ひとたび問題が生じると、一瞬で会社の信用を失墜させ、会社に甚大な損害を生じさせるおそれがあるのです。

●就業規則で事前対策を

そこで重要なのは、内情を知り得る従業員にSNS上に問題となるような投稿をさ

＊1　SNSなき時代の情報発信は、マスコミ、大企業、有名人などがテレビやラジオ、新聞などのメディアを使って行う方法に実際上は限られていたが、SNSの登場により、誰でも簡単に世界中の人々に対して情報発信することができるようになった。

せない事前対策です。

そのために最も重要なのは、就業規則の整備です。一般的な就業規則のほかに、「ＳＮＳ利用規定」を設け、会社名が特定される投稿はしない、会社や業務に関係する者を誹謗中傷しない、会社の秘密を漏洩しない、その他公序良俗に反するような投稿はしない、会社が削除を命じた場合はこれに対応する必要があることなどを具体的に規定するのがよいでしょう。

また、前述のとおり、従業員自身がＳＮＳの怖さに気づいていないことが多々あるため、定期的な研修を実施するなどして、従業員の理解を深めていくことも重要です。

15
懲戒処分

雇用した従業員の問題行動が発覚したら？

多様な人材が活動する社内では、時に問題行動を起こす従業員も存在する。そんなとき会社は、職場環境の秩序を維持するために、当該従業員に対して懲戒処分を下すことも検討せざるを得ない。会社は、いついかなる場合においても、従業員に対して懲戒処分を下すことができるのか？

弁護士
吉直 達法
（吉直法律事務所）

事件の概要

● 事案(1) 就業中、他従業員に署名活動

X社の従業員であるYは、令和元年4月に雇用され、機械工の現場作業員として勤務していた。その後、Yが、令和5年7月下旬頃から同年8月下旬頃にかけて、就業時間中、上司に無断で職場を離脱し、就業中の他の従業員に対して、福島第一原子力発電所の処理水放出に反対する旨の

署名を求めたり、反対運動の資金調達のために販売する物品の作成を依頼したり、あるいはこれを販売したりするなどしていたとの報告が、X社代表取締役であるAに対してなされた。

Yがそのような行為をしているとなれば、由々しき事態であると考えたAは、Yを呼び出して事実確認を行うことにした。しかし、Yは、Aの質問に対して、「分かりません」「答える必要がありません」「なんで、そのようなことを聞く必要があるのですか」と反問して答えず、Yから事実関係を聴き取りすることはできなかった。

Yが事実関係の調査に非協力的であったのを見たAは、Yがこのままの状態で勤務を続ければ、職場環境を乱すことになると思い、何かしらの懲戒処分を下す必要があると考えた。しかし、X社においては、就業規則は存在するものの、どういった事由が生じたときにどのような懲戒処分ができるかの定めを欠いていた。そこでAは、就業規則を改定して、懲戒事由に関する規定を設けて、それを理由として、一方的にYに対する懲戒処分を下そうと企てた。

● 事案(2)　大卒なのに高卒と詐称

令和5年1月頃、Aは、就業規則を改定して、懲戒事由に関する規定を設けた。Aは、Yが従前と同様に、就業時間中、上司に無断で職場を離脱するなどして、業務命令に反した際には、問答無用で懲戒処分を下そうと考えていた。しかし、Yは以前にAから事実関係の調査をされた際の態度に問題があったと反省し、X社の就業規則改定後は、無断で職場を離脱するなどしなくなって、職務に専念するようになった。Aの思惑とは裏腹に、Yは勤勉な従業員となった。

その後、時は流れ、X社も新入社員を募集する時期となった。X社は、Yのような機械工のほか、組立工や塗装工等の現場作業員を多く雇用しており、これらの人材は高卒以下の学歴の者を採用する方針をとっていた。高学歴者は現場作業のような単純な肉体労働には不適で定着性に欠け、ものの考え方や生活感情の違いから、低学歴の上司や同僚との関係に円滑さを欠くおそれがあると考えていたからである。

Zは、新入社員としてX社に応募し、その後採用され、令和5年4月1日から、組立工の現場作業員として従事し始めた。半年も経つ頃には、Zは職場内での評判も良く、誰とでも打ち解けて円滑に業務をこなしていた。

令和5年12月頃、Zは仕事の疲れもあり、単純な確認作業を怠って交通事故を起こした。被害者の命に別状はなかったものの、人身事故であったことにより、Zは罰金30万円の刑を受けた。Zが刑事罰を受けたこともあって、Aは、Zの身辺調査を行った。そうしたところ、Zが高卒ではなく、B大学教育学部を卒業していることが判明した。

X社の就業規則には「雇入れの際に採用条件または賃金の要素となるような経歴を詐称したとき」には懲戒事由に当たるとの定めがあったこと、Zが刑事罰を受けたことから、AはZが懲戒処分相当であると考えた。

課題解説

●事案(1)について

ア 懲戒処分の根拠

使用者である会社が、従業員に対して、**懲戒権**を行使するためには、その根拠を定めておかなければなりません。会社から見て、従業員に問題があると考えて、何の考えもなしに従業員を辞めさせることなどは許されません。会社は、懲戒の種別（戒告、けん責、減給、出勤停止、降格、諭旨解雇及び懲戒解雇等）に加え、どういった行為が懲戒事由に該当するかを、あらかじめ就業規則に定めておく必要があります。また、単に懲戒の種別及び事由を就業規則に定めるだけでは足りず、従業員に対して、法的規範としての拘束力を生じさせるためには、その内容の適用を受ける従業員に周知させる手続きがとられていることが必要です（最二判平成15年10月10日集民211号1頁）。

ただし、従業員に懲戒の種別及び事由を周知させることに関連して、就業規則に懲戒の種別及び事由が制定されるより前の行為に対して、懲戒権を行使することはできません。このようなことが行われては、従業員の**予測可能性**を害することになりかねず、従業員が安心して業務を遂行することができなくなるからです。したがって、問題のある従業員がいたからといって、後に就業規則に懲戒事由を加えて、懲戒権を行使することはできないので注意しましょう。

イ 処分の必要性と相当性

労働契約法第15条は「使用者が労働者を懲戒することができる場合において、当該懲戒が、当該懲戒に係る労働者の行為の性質及び態様その他の事情に照らして、客観的に合理的な理由を欠き、社会通念上相当であると認められない場合は、その権利を濫用したものとして、当該懲戒は、無効とする」と規定します。従業員に懲戒事由が認められたとしても、懲戒処分を行うことの必要性と相当性を検討して、均衡のとれたものとしなければなりません。他の従業員が同様の事由に該当し、同程度の違反が認められた場合には、同程度の懲戒処分がなされなければならず、会社が恣意的に懲戒権を行使して、公平性を欠くようなことがあってはなりません。

部下の金員着服を理由として諭旨解雇がなされた事案においては、就業規則の解釈・適用、不正事故の存否・程度、監督者の注意義務違反の有無・程度、会社の損害、他の者に対する処分と比較して、諭旨解雇が重い処分であったとし、客観的に合理的な理由を欠き、社会通念上相当として是認することができないとして、諭旨解雇を無効とした裁判例があります（東京地判平成11年12月17日労働判例778号28頁）。

懲戒処分は従業員の今後を左右する重大事ですので、会社には、懲戒権の濫用とならないように慎重な判断が求められます。

ウ 手続きの履践《りせん》

仮に事案(1)において、あらかじめ就業規則に懲戒の種別及び事由が定められていた場合に、Yが事実関係の調査に非協力的であったことを理由として、懲戒処分とすることはできるのでしょうか。

これに関しては、一概に結論が定まるものではありませんが、同種の事案（最三判昭和52年12月13日民集31巻7号1037頁）では、「調査対象である違反行為の性質、内容、当該労働者の右違反行為見聞の機会と職務執行との関連性、より適切な調査方法の有無等諸般の事情から総合的に判断して、右調査に協力することが労務提供義務を履行する上で必要かつ合理的であると認められない限り、右調査協力義務を負うことはない」と判示しています。すなわち、従業員が労務提供をするのに必要な調査かどうかが決め手になるといえます。

また、仮に事案(1)で、Yが調査協力義務を負っており、何かしらの懲戒事由に該当したとしても、弁明の機会が付与されていなければ、懲戒処分が無効になる可能性があります。懲戒処分に際しては、慎重に手続きを履践する必要があるといえます。

●事案⑵について

事案⑵には、入社に際しての経歴詐称と業務外の非行とが、懲戒処分を行うことのできる事由に該当するかという2つの問題があります。懲戒処分に際しては、従業員の行為と処分の内容に相当性が必要です。相当性の判断は、個別具体的な事案によって異なりますが、裁判例で問題となった事案を基に検討します。

経歴詐称は、従業員の能力の有無を問題とすることが大半であり、会社が従業員を募集するに際しては重要な考慮事由となります。X社は、高卒以下の学歴の者をあえて採用しており、ここでも採用に際しての考慮事由になっていることがうかがえます。本事案と同種の事例において、当該従業員が上司や同僚との関係に円滑さを欠くということもなく、経歴詐称によって当該従業員を排除することが相当といえるほど、経営秩序を乱したとはいえないとして、懲戒事由に該当すると見ることはできないとしました。ただ、当該事例では、会社が高卒以下の学歴の者に限定して採用する旨の表示をしたとは見られないことも考慮しており、単に、当該従業員が会社内で円滑に業務をこなしていることのみをもって懲戒処分を無効としたものではないことに注意を要します。

では、業務外の非行、すなわち従業員が刑事罰を受けたなどの場合は、どのように考えるべきでしょうか。従業員が住居侵入罪で逮捕され罰金刑を受けた裁判例（最三判昭和45年7月28日民集24巻7号1220頁）では、当該従業員の行為は、「会社の組織、業務等に関係のないいわば私生活の範囲内で行われたものであること、被上告人（注：従業員）の受けた刑罰が罰金2500円の程度にとどまったこと、上告会社における被上告人の職務上の地位も蒸熱作業担当の工員ということで指導的なものでないことなど原判示の諸事情を勘案すれば、被上告人の右行為が、上告会社の体面を著しく汚したとまで評価するのは、当たらないというほかはない」として、懲戒事由に当たらないとしました。ここで重要なのは、当該従業員の行った行為と会社の業務との関連性がどの程度あるかということになります。

これを踏まえて事案(2)を検討すると、Zは組立工の現場作業員であり、日常の業務で自動車の運転が必要とは考え難いといえます。また、罰金刑を受けてはいますが、比較的軽微な刑といえますので、X社は、Zが刑事罰を受けたことのみをもって、Zを懲戒処分相当であるとするのは早計といえます。もっとも、Zが組立工ではなく、日常の業務においても自動車の運転が必要であって、これなしには業務を遂行できず、交通事故を起こしたことで免許停止などの行政処分を受けた場合には、業務に復帰することが困難と考えられますので、懲戒処分の内容はともかく、懲戒を相当とすることも考え得るところです。

教訓と対策

●就業規則に明示、周知徹底

事案(1)のように、従業員が問題と思われる行動を起こして、泥縄的に就業規則を改定して、懲戒処分をすることは許されません。会社としては、従業員は問題行動を起こすものだと割り切って、事前に対処することが必要となります。懲戒処分に際しては、あらかじめ就業規則に懲戒の種別及び事由を定めておかなければなりませんので、会社設立に際して就業規則を制定する際にはもちろん、本書を読み終えたらすぐに就業規則を確認のうえ、必要に応じて改定して懲戒の種別及び事由を定め、従業員に周知させることをお勧めします。

これらの手続きを終えて、実際に懲戒処分を下そうというときには、従業員の言い分も聞いておく必要があります。これが行われていないと懲戒処分が無効となるおそれもありますので、面倒だとは思わずに、しっかりと手続きを履践するようにしてください。

●業務内容との関連性で判断

採用した従業員が学歴などを詐称していたということは日常茶飯事とはいえませんが、会社にとっては想定し得る問題といえるでしょう。事案(2)のように学歴を詐称していたことをもって、懲戒処分を下すことは容易ではないため、従業員の経歴詐称については、当該従業員の従事している仕事の内容を踏まえて、学歴がどの程度影響するかを検討する必要があります。

単に情報を偽っていた程度では懲戒処分に相当するとはいい難いため、職場環境に影響がないようであれば、雇用を継続したほうが結果として会社全体の利益につながると考えたほうがよいでしょう。学歴を重視して雇用したいと考える場合には、どのような学歴の者を採用したいと考えているのか採用条件を明らかにして、徹底した調査を行い、また、業務との関連性も明示したうえで採否を決するのがよいでしょう。

一方、業務外の非行についても同様に考えます。当該非行が業務とどのように関連するのかをしっかりと見極めて懲戒処分を下さなければなりません。会社としては、どういった非行があった場合には、懲戒処分が相当であるかを、事前に検討しておくことも大切です。

コラム17

2024年問題

結城 優

いわゆる「働き方改革」の一環として、労働基準法が改正され、平成31（2019）年4月より（中小企業は2020年4月以降）、時間外労働は原則として月45時間、年360時間以内が上限とされ、また、臨時的な特別な事情がある場合でも年720時間、単月100時間未満（休日労働含む）、複数月平均80時間以内（休日労働含む）、限度時間を超えて時間外労働を延長できるのは年6か月が限度、と定められました。

一方、建設業や運送業、医師等については、その業務の性質上長時間労働になりやすいことや、業界の取引慣行、人手不足等の事情を踏まえ、時間外労働の上限規制の適用が5年間猶予され、また、一部特例付きで適用されていました。

令和6（2024）年4月以降、この猶予期間が終了し業種ごとの上限規制が始まりますが、実際には各業界の対応は追いついていないのが現状です。また、労働環境の改善を目指す一方で、事業者の売上げや利益の減少、労働者の収入減による人手不足が深刻化する可能性、物流コストの増大、地域医療への影響等、社会的に様々な問題が発生するといわれており、総称して「2024年問題」と呼ばれています。

2024年4月以降の業種ごとの時間外労働規制に係る具体的な取扱いは以下のとおりです。

されます。

・工作物の建設事業　災害時における復旧及び復興の事業を除き、前記の上限規制がすべて適用されます。

・自動車運転の業務　時間外労働の上限が年960時間となりますが、時間外労働と休日労働の合計について単月100時間未満、複数月平均80時間以内とする規制や、限度時間を超えて時間外労働を延長できるのは年6か月が限度との規制は適用されません。

・医業に従事する医師　時間外・休日労働の上限が最大で年1860時間（A水準、連携B水準、B水準、C水準の区分けがあり、それぞれ内容が異なります）となりますが、時間外労働と休日労働の合計について単月100時間未満、複数月平均80時間以内とする規制や、限度時間を超えて時間外労働を延長できるのは年6か月が限度との規制は適用されません。
なお、医療法等に追加的健康確保措置に関する定めがあります。

いずれの業界についても、将来的には一般企業と同様の規制の適用を目指すこととされていますが、これには相応の時間が必要になるものと予想されます。業務効率化による生産性の向上とともに、どのような労務管理体制としていくのか、慎重かつ迅速な判断を迫られているといえます。

16
退職勧奨

適法に退職勧奨を行うために注意すべきポイント

弁護士
中村 仁恒
（弁護士法人ロア・ユナイテッド法律事務所）

営業成績が常に悪く、周囲と軋轢を起こすようになっていた問題社員のX。社長は、これ以上Xを会社に在籍させ続けると悪影響が避けられず、何とか辞めさせたいと考えた。解雇は法的には難しいという認識があった社長は、説得によりXに辞めてもらうことにした。社長は、Xとの面談を繰り返し、最終的にはXはついに辞表を提出した。ところが安堵もつかの間、しばらくして社長のもとに、Xの依頼を受けた弁護士からの内容証明郵便が届いた……。

事件の概要

●能力・協調性不足

機械メーカーであるY社に勤務するXは、勤続20年目になるが、営業成績を上げられず、その営業成績はほぼ常に最下位であった。そんなXに対して、上司が営業のやり方を指導し、同僚もアドバイスを行ったが、Xの営業成績は一向に改善しなかった。Xは、注意指導をされると、不愉快そうにし、周囲のアドバイスを素直に聞き入れなかった。そのようなXに対して、上司も同僚も次第に注意する意欲を失っていった。

Y社はA社長のもと、堅実な経営を続けていた。従業員Xが成績不良であり、協調性も欠いていることはA社長の耳にも入っていたが、A社長は従業員を大切にし、これまで解雇したこともなく、そのことを誇りに思っていた。Xについては困ったものだと思いつつも、特に有効な手立てを打てずにいた。会社の経営状態は良好であったため、経営上の理由から人員整理を行う必要もなかった。

ところが、最近、Xの言動が目に余るようになってきた。Xは、自身が無視されている、監視されている、私物を誰かに盗られているなどと述べて、周囲の従業員と衝突するようになった。

また、Xは自身がハラスメントを受けていると主張して、通報を繰り返した。ハラスメント通報窓口は、Xの通報を受けて、その言い分を聴取した後、Xが主張する事実の存否について確認するため、他の従業員へのヒアリングなども実施した。その結果、Xの通報を裏付ける証言や物証は得られず、ハラスメントに該当する事実は確認できない旨の回答を行った。Xは、通報後しばらくすると、また別のハラスメントを受けたと主張して何度も通報を繰り返すなどしている。Xからハラスメントの加害者であると主張された従業員は、Xへの対応に苦慮した。

Xの上司や周囲の従業員は精神的に疲弊していき、パフォーマンスや仕事へのモチベーションが低下していった。また、ハラスメントの加害者とされた従業員は、Xの主張に付き合うのは限界である旨を述べるようになった。

上記の事態について報告を受けたA社長は、いよいよXを放置しておくわけにはいかず、Xに会社を辞めてもらうほかないと考えた。A社長はこれまで従業員を解雇したことがなかった。また、経営者仲間から、解雇は法的にはかなり難しいと聞いたことがあった。そこで、A社長は、役員などとも相談のうえ、解雇するのではなく、退職を促してXに自ら辞めてもらうよう説得することにした。

A社長は、Xと個別の面談を設定した。A社長は、もともとXの営業成績が悪く、これまでは我慢してきたが周囲の従業員との確執が深刻化しており、これ以上会社にいてもらうことはできないため、辞めてもらいたいと説得した。Xは、初めは退職勧奨を受けて動揺したものの、会社を辞めれば再就職のあてもないため、退職する気はないと述べた。A社長は、ひとまず考えてほしいといって、初回の面談を終了した。

●繰り返し実施された退職勧奨

翌日、A社長は再度Xを呼び出し、面談にて退職勧奨を行った。Xは、やはり退職したくない旨を述べた。話し合いは平行線となりつつも、A社長は説得を続けた。Xは、退職するつもりがないことを明言し、これ以上同様の面談を行うことはやめてほしいといった。

Xから退職するつもりがないと明言されてしまったA社長は、行き詰まりを感じていた。Xがこれ以上、会社に在籍すれば従業員が疲弊し、業務が滞るとともに愛社精神も減退しかねない。A社長としても何とかしてXに辞めてもらいたいし、役員や従業員もA社長がXを説得して辞めさせてくれることを期待している。簡単に引き下がるわけにはいかないと考えたA社長は、翌日、翌々日もXとの面談を設定し、繰り返し1時間以上の退職勧奨を行った。

それでも話し合いは平行線となり、焦れたA社長は、「長年の営業成績不振、指導に対する反抗的な態度や他の従業員に対する言いがかりや協調性の欠如を理由として、本来であれば懲戒解雇も可能であるが、Xのためを思って恩情で自主退職を勧めている」「懲戒解雇と自主退職では天と地ほどの差があるし、経歴に対するダメージや世間の受け止め方も全然違う」「懲戒解雇の場合、退職金は出ないが、自主退職であれば退職金を支給する」などと述べた。Xは自主退職を断れば懲戒解雇されるものと思い、A社長が手渡した退職届にサインした。

A社長は、解雇を避けつつ、何とか自主退職として決着できたものと安堵していた。ところが、1か月後、A社長のもとにXが依頼した弁護士からの内容証明郵便が届けられた。いわく、A社長が行ったのは違法な退職強要であって、これに基づくXの退職の意思表示は法的に無効であり、復職を要求する。併せて違法な退職強要後の賃金と、Xが被った精神的損害についての損害賠償請求をするというものであった。

課題解説

●退職勧奨とは

使用者が労働者に辞職するよう説得する行為、または退職する旨の合意をするよう説得する行為を退職勧奨といいます。

退職勧奨は、労働者に辞めてもらいたい事情がありつつも、解雇を正当化するほどの事情まではない場合や、ある程度解雇を正当化する事情がある場合でも、穏便に解決することにより紛争化することを避けたい場合などに行われます。

●退職勧奨の限界

退職勧奨は、**労働者の自由な意思を尊重した態様で行う**必要があり、この点が守られている限りは、基本的に自由に行うことが可能です。労働者が退職勧奨に応じる意思がないことを明確に示したにもかかわらず執拗に退職勧奨を継続したり、多人数で取り囲むように説得を行ったり、説得の時間が長すぎたり、頻度が高すぎたりした場合には違法となります。また、労働者の名誉感情を不当に害するような侮辱的な文言を使用した場合にも違法になる場合があります。

裁判例においても、労働者が退職勧奨に応じない旨を明確に述べているにもかかわらず、従前と同様の説得を執拗に繰り返した場合には退職勧奨は違法となり、使用者には慰謝料の支払義務があると判断するものがあります。そのため、労働者が退職勧奨に対して拒否する意思を明確にしたか否かがポイントになります。労働者が拒否していない場合には、不当な方法によらない限り、話し合いを継続することは許容されると解されますが、退職勧奨に応じる意思がない旨を明示したにもかかわらず漫然と説得を継続することは、違法となるリスクが大きくなります。勧奨に応じて退職する意思がないことを明示された場合には、相応の期間を置く、もしくは一定の事情変更があってから行う、または提案する退職条件を変更するなどを検討する必要があります。

本件では、退職勧奨に応じる意思がないこと、これ以上の退職勧奨はしないでもらいたい旨をXが表明しています。それにもかかわらず、A社長は翌日、翌々日と1時間以上にわたって退職勧奨を行っています。そのため、退職する意思がないことを明示しているにもかかわらず、執拗に退職勧奨を行ったものとされる可能性が高いといえます。

また、Xには能力や協調性が欠けているという問題はありますが、事前に十分な指導を行っておらず、指導に関する記録を書面等で残しているわけでもないので、いきなり懲戒解雇をすることは法的に困難といわざるを得ません。にもかかわらず、自主退職しない場合には懲戒解雇になる旨を告知して退職を迫っており、これはXの自由意思に対する不当な圧力と見なされる可能性が高くなります。

以上からすると、A社長の退職勧奨は違法なものであって、Xに対する慰謝料の支払義務が認められる可能性が高いといわざるを得ません。

●退職勧奨で強引に退職させた場合のリスク

本件では、A社長は、まずは穏便な説得を試みましたが、それが奏功しなかったため、退職しない場合には懲戒解雇とする旨を示唆しました。A社長は、日本においては解雇のハードルが高く、解雇して紛争になった場合には分が悪いことを自覚していました。そこで、解雇は避け、何とか自主的にXを辞めさせるために、そうした説得行為を試みました。A社長には、解雇を避けつつ何とか自主退職にこぎつければこっちのものだという考えがあったようです。しかし、強引に説得してでも、何とか退職さえさせてしまえばよいというものなのでしょうか？

実は、そうではありません。確かに、解雇には当たらないため、違法な解雇に当たるということにはなりません。しかしながら、説得行為により、労働者を不当に恐怖に陥らせて退職させたような場合や、労働者に思い違いが生じて、それを使用者が認識しつつ退職させたような場合には、その退職の効力が否定されます。裁判例でも、懲戒解雇ができる状況ではなかったにもかかわらず、使用者の説得行為により、自主退職しなければ有効に懲戒解雇されると信じて自主退職した事案において、自主退職したのは有効に懲戒解雇されると誤信したためであるから、自主退職の効力は生じないと判断したものなどがあります。

教訓と対策

●退職勧奨のタイミング

退職勧奨が成功し、穏便に退職となれば、会社としては望ましい展開です。しかしながら、退職勧奨における言動に問題があった場合、①慰謝料の支払義務が発生する、②仮にいったん退職扱いにできたとしても、後から退職扱いが無効となるというリスクが存在します。

実務的には、まず、どのタイミングで退職勧奨を行うべきかを慎重に検討する必要があります。時間はかかりますが、まずは対象となる従業員の問題点について、会社として注意指導をある程度積み重ねてから退職勧奨を行ったほうがよい場合も少なくありません。注意指導を積み重ねることにより、従業員も会社とのミスマッチや自身の問題点を自覚し、自ら退職する気持ちが芽生えることもあるからです。そのようなタイミングで退職勧奨を行えば、退職勧奨が成功しやすくなります。

確かに、注意指導を積み重ねるためには時間も労力もかかりますので、早い段階から退職勧奨を行いたい気持ちも理解できます。早い段階で退職勧奨を行い成功すれば、時間も労力も節約できるため、それが理想的な展開ともいえます。しかし、退職勧奨を拒否された場合には、退職勧奨を継続することは基本的に難しくなります。退職勧奨が失敗した場合には注意指導を行っていくよう方針転換をせざるを得ません。しかし、退職勧奨が失敗した後に注意指導等を行うと、退職勧奨を拒否したことに対する違法な報復行為であるなどとして余計に反発を招き、会社と従業員の確執がより深まることもあります。

以上の点から、早期に退職勧奨を行って成功できる事案なのか、ある程度、注意指導を積み重ねてから退職勧奨を行ったほうがよいのかは、対象従業員の個性や上記のメリット・デメリットを踏まえて慎重に検討すべきでしょう。

●勧奨の文言選びは慎重に

次に、退職勧奨の文言に関して、（懲戒）解雇が難しい事案であれば、後から退職の効力が否定されないようにするため、不相当な文言を使用することは避ける必要があります。（懲戒）解雇できる可能性が相当程度高い場合には、会社として（懲戒）解雇を検討しているなどと述べることは可能である事案もありますが、その場合にも、確定的にそのような処分がなされると断定することは基本的には避けるべきです。

使用者としては、退職勧奨を何とか成功させたい、自主的に退職さえさせてしまえば有利であるとの一心で、退職勧奨の文言がエスカレートしてしまう事案もありますが、不相当な文言を用いれば、退職扱いの効力が否定されてしまう事態になることには十分留意すべきです。

特に、最近は労働者がスマートフォンやボイスレコーダーを用いて録音している例も増えていますので、それがなされていることを前提に慎重に文言を検討すべきでしょう。

コラム18

退職代行業者から連絡が来たら？

髙津 陽介

退職代行業者とは、労働者から依頼を受けて、退職（内定辞退含む。以下同じ）の意思表示をその労働者の代わりに対価を得て行っている事業者です。インターネットで検索すると、かなりの数の退職代行業者が出てきます。

本来であれば、退職の意思表示を当該労働者の代わりに行うのは弁護士でなければすることはできません。なぜなら、弁護士でない者が報酬を得る目的で法律事件に関して法律事務を取り扱うことは、弁護士法で禁止されているからです（弁護士法第72条）。無資格者が法律事務を取り扱う「非弁行為」を許すと、無資格者に依頼した者に損害を生じさせ、ひいては社会を混乱させるおそれがあるため、非弁行為は厳に禁止されているのです。使用者に対して退職の意思表示を行うことも、労働契約の終了という法律効果を発生させるものなので法律事務に含まれ、弁護士でない退職代行業者が労働者の代理人として退職の意思表示をすることはできません。

●退職代行業者は交渉権限ナシ

しかし、退職代行業者は、禁止されている非弁行為に該当しないとするため、あくまで退職の意思表示をしたのは労働者本人で、退職代行業者はそれを使者として届けただけにしていることが多いようです。本人に代わって交渉し、時に意思決定できる代理人（弁護士）と違い、交渉や意思決定ができない使者ということであれば、一応、非弁行為に該当しないとの整理も可能なため、かろうじて適法性を確保しているということができます。

したがって、仮にこの建て前により適法性が確保されているのだとするならば、退職代行業者は労働者の意思表示を届けただけなので、何ら交渉権限を持ちません。

そこで、もし退職代行業者から退職の連絡が来た場合、まずは、労働者本人に直接連絡をとり、労働者本人の意思確認を行います。退職代行業者からの連絡文書に労働者本人に連絡せずに退職代行業者に連絡するよう記載されていても、それに何ら拘束力はありません。退職するか否かの真意を確認するためには、労働者本人に連絡をして確認する必要があるのです。

また、労働者本人に対して連絡したことについて退職代行業者からクレームが入ることが想定されます。この場合、労働者本人との確認、調整、交渉等がある旨を伝えます。退職代行業者には交渉権限がありませんので、それを行おうとする退職代行業者に対しては、非弁行為に該当する旨を指摘するのがよいでしょう。

なお、退職代行業者の中には労働組合を装っている業者も存在します。実際に労働組合が結成されている場合、労働組合には団体交渉権がありますので（P240コラム参照）、それぞれ注意が必要です。

17
ハラスメント

どこからがハラスメントなんですか?

ハラスメントという言葉が世に知られるようになり、現代においては、○○ハラスメントという言葉が大量に創出されている。どのようなことをしてはならないのか、企業として、どのように対策しなければならないのか。過去の複数の事例からハラスメントを検証していく。

弁護士
野澤 航介
(福家総合法律事務所)

事件の概要

● 事案(1) コロナハラスメント及びセクシュアルハラスメント

Xは、平成11年生まれの女性であり、本件当時、歯科衛生士であり、一人暮らしをしていた。一方、Yは、昭和30年生まれの男性であり、Xが勤める歯科医院を経営する歯科医師である。

Xは、次の2つの行為を、ハラスメントであるとして訴訟を提起した。

①新型コロナウイルス感染症に感染した後、職場に復帰したXに対し、Yが新型コロナウイルス感染症に感染したのは、Xを感染源とするものであり、かつ、Xの感染がXの乱れた生活態度を原因とするものであると断定して、プライベートな情報を含む感染経路を問いただすなどして、Xが途中で泣き出したにもかかわらず、少なくとも20分程度にわたり一方的に叱責した行為（以下、「本件行為①」という）。

②YがXの自宅を訪問し、インターホン越しに弁当を買ってきたなどと告げて、Xが断り切れずにオートロックを解除すると、Xの自宅に上がり込み、同自宅内において、Xに対し「年上の男と付き合ったことがあるか」などと聞いた後、Xに接近してキスをしようと迫り、Xが拒んでも繰り返しキスを求めたが、Xが一貫して拒否したことから、最終的にキスを諦め、Xに対し握手を求め、Xがやむなく握手に応じたところ、自宅を退去した行為（以下、「本件行為②」という）。

Xは、上記2行為ののち本件歯科医院に出勤せず、Yは、Xに対し本件行為②の翌日、「昨日はごめんなさい。どうかしていました」とのショートメッセージを送信したが、Xは、本件歯科医院を退職することを決意し、代理人を通じて、労働契約を解除する旨の通知を発送した。

一方、Yは以下のように主張した。本件行為①は、歯科医院の運営や感染防止の必要から、雇用主として必要な指示や調査を行ったものにすぎない。また、本件行為②は、Xの承諾を得てXの自宅に立ち入り、キスを求めた際にも拒絶されたことから取りやめて、自宅を退去したものであり、Xの意思に反する行為は何ら行っていない。

●事案(2) マタニティハラスメント

Aは、歯科医院（以下、「本件クリニック」）を営む院長、Bは、副院長である。Cは、平成22年3月8日に本件クリニックに歯科技工士として採用され、本件クリニックに勤務していた者である。

Cは、平成25年4月10日に婚姻し、その頃第一子を妊娠したため、同年6月1日、Aらに妊娠の報告を行い、同年12月末から産休及び育休を取得した。なお、Cは、翌平成26年1月4日に第一子を出産した。

Cは、平成27年1月13日、本件クリニックに復職したが、その10日後の1月23日に第二子の妊娠が判明したためAらに対し、産休及び育休を取得したい旨を申し入れた。

Cは、平成27年3月16日、メンタルクリニックにおいて不安抑うつ状態と診断され、同月17日から1か月の休養加療を要する旨の診断を受けた。Cは、同月18日、体調不良を理由に本件クリニックを早退しそれ以降、本件クリニックに出勤せず、休職状態となった。

Cは、メンタルクリニックにおいて、平成27年4月11日に3か月の休養加療を要する不安抑うつ状態、同年8月12日に抑うつ神経症と診断され、それ以降もなお休養加療を要する状態が続いている。

Cは、平成27年6月19日に第二子を、平成29年7月11日に第三子を出産した。

上記前提のもと、Cは、以下の事実をハラスメントであると主張した。

①AがCに対し、平成27年1月20日、「もうCさんがいなくても回っていくんですよ。十分、回っている」などと発言したこと。

②AがCに対し、平成27年1月23日、「妊娠してどうするつもりなの」「時短には応じないと折り合いはつかないと思うよ」「結局、折り合わないと物別れになっちゃって裁判とかになっちゃうわけだよね」などと発言したこと。

③Cは、平成25年11月6日、同月22日に予定されていたCの妹の結婚式に出席するために有給休暇願を提出したところ、Bは、本件クリニックの繁忙度に関係なく、他の従業員らの士気を下げることにもなりかねないことなどから有給での休暇の取得は認めず、無給での休暇の取得であれば認める旨の説明を行った。Cに対し「給料をもらって行こうなんて浅ましいよ。もし、それをお給料っていうなら、それはその友達へのご祝儀だ。御香典出すのと同じ。つまり、うちの医院としては何のメリットもないのに、それを余分に出すっていうことになってくるの」

など発言した事実。

●裁判所の判断　事案(1)

裁判所は以下のとおり判断をした（静岡地判令和5年8月25日）。

本件行為①は、Yが先に感染し、これをXに感染させた可能性を疑うべき状況にあったにもかかわらず、Xの言い分を聞くことなく、XをYの感染の原因であると断定して一方的に叱責し、対応も比較的長時間にわたるものであったことなどを踏まえると、社会通念上相当と認められる限度を超えたものというべきであるから、Xに対する違法なパワーハラスメントに当たる。

本件行為②は、YがXから招きを受けたわけでもないのに、独身女性であり被雇用者であるXの自宅に、弁当を持ってきたなどという合理的な必要性のない口実を用いて上がり込み、XをYと密室で二人きりで過ごさざるを得ない状況に置き、さらに同状況下で繰り返しXに対してキスを求め、繰り返し拒絶された後も握手を要求してこれに応じさせたというものであり、Yの上記言動は、Xに意に沿わない性的行為を要求して強い不快感を与えるものであったことに加え、密室で意に沿わない性的関係等を強要される恐怖感を与えるものであったと認められ、違法なセクシュアルハラスメントに当たると認められる。

よって、Yは、Xに対し、不法行為に基づき、112万2000円を支払え。

●裁判所の判断　事案(2)

裁判所は、事実①から事実③について、それぞれ以下のとおり判断した（名古屋高判平成30年12月17日）。

①事実①について

CとAらとの間で勤務条件についての話し合いを継続する方向で、同日における話し合いが終了したことからすれば、事実①をもって、違法な発言であるとまでいうことはできない。

②事実②について

事実②の発言の内容は、Cへの配慮を欠く不適切なものであったと評価し得るものの、一方で、CもAの発言に対し適宜発言していること、結果的にはCの勤務条件が不利益に変更されることはなかったことからすれば、これらのAの発言によって、Cが萎縮したり、自己に不利益な勤務条件の変更を受け入れざるを得なくなったなどの事態が生じたわけではない。したがって、これらのAの発言について、不適切ではあるものの、違法であるとまで認めることはできない。

③事実③について

有給休暇の取得について、使用者は、有給休暇を労働者の請求する時季に与えなければならず、例外的に請求された時季に有給休暇を与えることが事業の正常な運営を妨げる場合においては、他の時季にこれを与えることができるとされている（労働基準法第39条第5項）。

本件において、有給休暇の取得がクリニックの繁忙度に関係なく、他の従業員らの士気を下げることにもなりかねないことは、クリニックにおける歯科診療等の正常な運営を妨げるような事情に当たるということはできず、Bが本件有給休暇の取得を拒絶したことは違法である。

他方でBの各発言については、本件有給休暇制度の趣旨に反する不適切かつ不相当なものであったとは認められるものの、本件有給休暇の取得拒絶の違法とは別個に慰謝料の支払いを命じなければならないほどの高度の違法性があるとまでは認められない。

課題解説

●ハラスメントとは

一般的にハラスメントは、受け取る側の主観的判断として苦痛を感じた場合に、○○ハラスメントなどといわれることが多くあります。

法律上は、例えばセクシュアルハラスメントは、①職場において、労働者の意に反する性的な言動が行われ、それを拒否したことで解雇、降格、減給などの労働条件について不利益を受けること（**対価型セクシュアルハラスメント**）と、②性的な言動が行われることで職場の環境が不快なものとなったため、労働者の能力の発揮に大きな悪影響が生じること**（環境型セクシュアルハラスメント）**をいうものとされています（男女雇用機会均等法第11条第1項）。

パワーハラスメントは、①職場において行われる優越的な関係を背景とした言動であって、②業務上必要かつ相当な範囲を超えたものにより、③その雇用する労働者の就業環境が害されることをいうものとされています（労働施策総合推進法第30条の2第1項）。

また、上記裁判例を見ても分かるように、法律上の損害賠償責任を負うようなハラスメントというのは、不適切というレベルを超えて、違法との評価を受ける場合に限られています。

そのため、従業員から「××さんの△△行為は、○○ハラスメントである」などと相談を受けた場合においても、それが法律上のハラスメントに該当するようなものであるのか否かというところを踏まえて、場合によっては専門家への相談のうえで対処する必要があります。

● 職場におけるハラスメント防止対策は事業主の義務

令和元年6月5日、「女性の職業生活における活躍の推進に関する法律」等の一部を改正する法律が公布され、労働施策総合推進法、男女雇用機会均等法及び育児・介護休業法が改正されました。同改正においては、職場におけるハラスメントを防止するため、事業主が講ずべき措置として、以下の事項が定められています。

・事業主の方針を明確化し、管理・監督者を含む労働者に対し、その方針を周知させ啓発すること
・相談・苦情に応じ、適切に対応するために必要な体制を整備すること
・相談があった場合、事実関係を迅速かつ正確に確認し、被害者及び行為者に対して適切に対処するとともに、再発防止に向けた措置を講ずること
・相談者や行為者等のプライバシーを保護し、相談したことや事実関係の確認に協力したことなどを理由として不利益な取扱いを行ってはならない旨を定め、労働者に周知させ啓発すること
・業務体制の整備等、職場における妊娠・出産等に関するハラスメントの原因や背景となる要因を解消するために必要な措置を講ずること

教訓と対策

●事前の対応

ハラスメントは、職場における労働生産性にも大きくかかわってくるところであり、会社の経営者側からしても、発生を防止しておく合理的な理由があります。特に、人材の確保が難しく、少人数でのチームワークを発揮して利益を上げていくこととなる中小企業においては、ハラスメントの発生を防止することが大変重要な課題となります。

先述のとおり、ある行為が法的にも違法なハラスメントか否かの判断は、非常に難しいところがありますが、会社側としては、違法とはいえないハラスメントさえも許さないという確固たる姿勢を示すことが肝要となります。まずは、日頃から従業員への研修を行い、従業員及び社外へ向けた通知によって会社としての方針を明確にしておくことにより、トラブルを事前に防ぐことが可能となります。

また、例えば、社内や社外に相談窓口を設置しておくことにより、裁判とならずに解決が可能となる場合があります。近年では、社外の通報窓口を弁護士事務所に依頼したいという相談が増えているように感じます。なお、その際、すでに顧問弁護士となっている者は、将来的に会社の代理人を務める可能性があるために利益相反の可能性があることから、顧問弁護士とは異なる弁護士を従業員の窓口としておくことが有益と考えられます。

●事後の対応

万が一、トラブルが生じてしまった場合には、さらなるトラブルを防止するため、慎重な対応が必要となります。事案によっては、調査自体がセカンドハラスメントとなってしまうこともあり得るからです。

調査の結果、何らかの懲戒処分（Ｐ２０３参照）を行うことも考えられるでしょう。

コラム19

オワハラとは？

高津 陽介

採用内定者が内定辞退することなく、無事就労開始日から就労してくれることを目的に、その内定者に対して、就職活動を終わらせるよう働きかける場合があります。しかし、その働きかけが行きすぎると、「オワハラ」といわれる懸念があります。

オワハラとは、「就職活動終われハラスメント」の略語です。若者雇用促進法に基づく厚生労働大臣の「事業主指針」では、「採用内定又は採用内々定を行うことと引替えに、他の事業主に対する就職活動を取りやめるよう強要すること等青少年の職業選択の自由を妨げる行為又は青少年の意思に反して就職活動の終了を強要する行為については、青少年に対する公平かつ公正な就職機会の提供の観点から行わないこと」と定められています。

また文部科学省は、以下のような事例を問題のあるオワハラと公表していますので、注意が必要です。

◎面接担当者の目の前で、他社に就職活動の辞退を電話させたり、メールを送るよう強要されたりした

◎内定を受諾する書類の提出を求められ、すぐに提出しないと内々定を取り消すと言われた

◎内々定後、学生の意思に反して学校からの推薦書を正式な内定日より前に求められた

◎内々定後、懇親会や研修会などが頻繁に開催され、必ず出席するよう求められた

コラム20

労使協定

岩楯 めぐみ

労使協定とは、使用者と労働者の代表者との書面による取り決めをいい、労使協定は、本社や支店などの事業場ごとに、その事業場の労働者の過半数で組織する労働組合がある場合にはその労働組合と、当該労働組合がない場合には労働者の過半数を代表する者と締結します。

労使協定を締結することにより、「育児休業の申し出トラブル」（P140「育児休業」参照）で取り上げたように育児・介護休業法に基づく一部の者からの申し出を拒むことができたり、労働基準法違反を免れることができたりするなどの効果が生じます。

例えば、労働基準法では、原則として時間外労働や休日労働を禁止していますので、当該労働をさせた場合には労基法違反として罰則（6か月以下の懲役または30万円以下の罰金）の適用対象になりますが、労使協定（時間外労働及び休日労働に関する労使協定）を締結して所轄労働基準監督署長に届け出ていれば、その協定の範囲内の時間外労働や休日労働をさせたとしても違法にはならず、罰則の適用が免除されます。

なお、労使協定に似ているものに「労働協約」がありますが、それについてはコラム「労働協約」（P251）をご参照ください。

18
労働組合対応

突然、社外の労働組合から団体交渉の申し入れがあったなら

弁護士
朝日 洋介
（新霞が関綜合法律事務所）

突然、会社に社外の労働組合から、「組合加入通知書」と「団体交渉申入書」という書面が届いた。その労組の組合員となったのは、普段何かにつけては会社に文句ばかり言う問題社員。このような書面は無視したいと考えるが、何か問題があるだろうか。また、仮に団体交渉に応じるとすれば、どのような点に気を付ければよいのだろうか。

事件の概要

●問題社員を解雇

東京都内にある従業員数20名の零細企業Y社は、会社内に労働組合はない。また、独立した法務・労務部門もなく、人事や労務、取引先との契約関係の業務はすべて総務部門が対応していた。

Y社には入社5年目の従業員Aがおり、営業部の中堅社員であった。Y社の役員から見て、Aは新規の取引先を開拓したこともあり、仕事ができないわけではなかった。しかし、入社4年を経過した頃から、役員及びAの上司からの業務の依頼に対して、必ずといっていいほど大きな声で文句を発し、その度に社内の雰囲気が悪くなっていた。また、Aには2年ほど前から入社して程ない若手社員を部下としてつけていたが、Aの若手社員に対する対応には、パワハラに該当するような行為が複数散見された。

このためY社は、Aに対して再三にわたって注意指導をして対応を行ってきた。にもかかわらず、Aに対する注意指導の効果は全くなく、若手社員に対する対応は改善されるどころか、場合によっては以前よりひどくなる有様であった。

そこで、Y社の役員や担当者は、就業規則に基づいてAを解雇することにした。後日、Y社はAに解雇通知書を発するとともに解雇予告手当を支払い**普通解雇**（注1）した。

●社外労組から団交の申し入れ

Aを解雇してから2週間後、東京都内所在のXユニオンという労働組合から「組合加入通知書」と「団体交渉申入書」という書面が届いた。「組合加入通知書」にはAがXユニオンに加入した旨が記載されており、「団体交渉申入書」にはAの解雇の即時撤回

＊1　普通解雇
解雇には、大きく分けて、普通解雇、整理解雇、懲戒解雇の３種類がある（P68「解雇」参照）。

要求が書かれており、XユニオンがY社との間で、Y社会議室において団体交渉を実施することと、団体交渉日・時間が記載されていた。

Y社の社長や役員は、届いた書面がよく知らない団体名での書類であったことや、社内に労働組合はなく、対応や手続きに問題はないものと考えていたことから、社外の労働組合との交渉に応じる義務はないと判断した。加えて、団体交渉申入書に記載されている日付は、スケジュール変更が不可能な別の予定がY社の役員に入っている日で、Y社において対応は困難であった。

以上のことからY社は、Xユニオンから書面が届いたことについて社会保険労務士や弁護士など専門家への相談も、書面に記された申し入れにも対応する必要がないものと考え、Xユニオンに対して、対応しない旨を記載した書面を送付した。

Y社が書類を送付してから1週間後、Xユニオンから書類が届き、書類には「貴社の交渉に応じない対応は不当労働行為にあたり、東京都の**労働委員会**（注2）に救済命令の申し立てを行わざるを得ない」旨が記載されていた。

この書面を受け取ったY社は、Xユニオンとの交渉に応じざるを得ないと考えたが、交渉においては、社長を含む役員及び人事総務部の部長は出席せず、人事総務部の若手社員2名を出席させることにした。その後、両者間で第1回の団体交渉の開催日を決定

＊2　労働委員会
労働委員会とは、労働者が団結することを擁護し、労働関係の公正な調整を図ることを目的として、労働組合法に基づき設置された公的機関。

し、Y社の会議室を開催場所として実施することにした。

●団交は終結せず、次なる課題も

第1回団体交渉日、Xユニオンからは数名の担当者が出席した。Xユニオンの担当者はY社の担当社員に対し、法的に問題があることを主張した。これに対し、Y社の担当者は、Aの解雇についてどうやって行ったか知らず、上司に相談しないと分からないためその場で回答することはできないと主張した。そうしたところ、Xユニオンは、合意できる決定権限を有する部長が出席しないことに対して、実質的な交渉になっておらず、不当労働行為である旨を主張。その結果、団体交渉は長時間にわたることになった。Y社の担当者はXユニオンに対して、第1回の団体交渉を終了することを申し述べたが、Xユニオンは開催場所がY社の会議室であることを理由に、交渉は終わっていないと主張。結局、団体交渉が終わったのは開始から4時間を経過した後であった。

一方でY社には、1回目の団体交渉からしばらくして、今度はAとは異なる従業員Bに関し、Xユニオンから新たな書面が届いた。Bもまた営業部に配属されていた。BはAの解雇には一切関与しておらず、Xユニオンとの団体交渉の担当からも外されていた。また、Aのパワハラの被害にも遭っておらず、仲が悪いわけでもなかった。しかしながら、Y社の人事評価、残業代を含む給与、及び会社からの支給品が7年前から全く更新されていないことについて、Bは不満を持っていた。Aに関する一連の経緯を知り、Bは労働組合に入ることを思いつき、Xユニオンに加入することにした。

その後、XユニオンからY社に対し、Bの人事評価・賃金支給及び会社設備に関し、「組合加入通知書」と「団体交渉申入書」という書面が届いた。

Y社の社長及び役員は、この状況に及んで、ようやく法律の専門家の援助なしで対応することは難しいと判断し、弁護士に相談することにした。

課題解説

●労働組合について

労働組合は、労働者が主体となって自主的に労働条件の維持改善その他経済的地位の向上を図ることを主たる目的として組織され、労働組合法第2条に適合する労働組合は刑事上・民事上免責され、法人格を有し、不当労働行為の救済を申し立てることができます。

労働組合は団体交渉の権利（以下**「団体交渉権」**という）を有しますが、これは憲法上の権利（憲法第28条）であり、団体交渉権の行使は、刑事上・民事上免責されます。

労働組合法に基づいた保護を受けるためには、労働組合法第2条及び第5条第2項に定める要件を充足する必要があります。

●団体交渉について

団体交渉権は、**不当労働行為救済制度**によって保護され（労働組合法第7条第2号）、行政救済の対象となります。使用者は、**団体交渉応諾義務**があり、団体交渉応諾義務の中には誠実に交渉する義務も含まれるとされており、不誠実団交も団交拒否とされています（東京地判平成元年9月22日）。

団体交渉の労働者側の当事者は労働組合です。日本国内における労働組合は、特定の会社の従業員のみで組織されていることが多く（「企業別組合」といわれている）、産業別労組や、複数の会社の従業員により組織されている労働組合（「合同労組」といわれることがある）もあります。合同労組は、構成員たる組合員の労働条件について使用者と団体交渉が可能であり、会社外の労働組合であっても団体交渉に応じなければならないのです。

使用者側の当事者は、使用者が個人事業者である場合は当該個人、会社の場合は会社の代表者となりますが、会社の管理権限の配分によっては人事部長や工場長なども使用者側の当事者になることがあります。

●団体交渉の範囲について（義務的団体交渉事項）

使用者が処理できる範囲が団体交渉の範囲となりますが、労働委員会において不当労働行為と認定される範囲を**義務的団体交渉事項**と呼びます。

まず、「労働条件その他の待遇」として、労働の報酬、時間、休息、安全性、補償、訓練などが労働条件に含まれる例です。労働の内容や組合員の配転、懲戒、解雇など人事の基準、手続きも義務的団交事項となります。

次いで、「経営・生産に関する事項」として、設備の導入・更新、工場の移転、上級管理者の人事、事業譲渡などの経営・生産に関する事項は、一般的には労働者の労働条件や雇用そのものに影響がある場合のみ義務的団交事項とされます。

また、「個別人事・個別的権利主張」も裁判例により、義務的団交事項とされています。解雇された従業員が会社外の合同労組に加入して、使用者に団体交渉を求めてくる場合はこれに該当し、会社は社外の労働組合であるからといって、交渉に応じないということはあってはならないのです。

●交渉の場所・時間について

交渉の場所・時間は労使の合意によって決定する事項ですが、労働組合の申し入れた時期で都合が合わない場合は、使用者による変更の申し入れは可能であるとされています。

一方で、使用者側による変更の要望が硬直的である場合、不当労働行為と判断されるリスクがあります。

交渉時間について、交渉時間中の給与の支払い（労働組合法第7条3号）や顧客への影響を考慮して、勤務時間外を要望することも可能です。交渉場所についても、顧客への影響などから必ずしも社内である必要はなく、むしろ会社外の貸会議室を利用するのが一般的です。

●誠実交渉義務

団体交渉にあたり、使用者側には労働者の代表者と誠実に交渉に当たる義務があります。使用者は労働組合の主張に対して、その具体性や追及の程度に応じた回答や主張をなし、必要によっては、それらにつき論拠を示したり、必要な資料を提示したりする義務があります。

他方、使用者には組合の要求ないし主張を受け入れたり、それに対して譲歩をしたりする義務まではないので、十分な協議ののち双方の主張が対立し、意見の一致を見ないまま交渉打ち切りとなることは誠実交渉義務違反ではないとされます（カール・ツァイス事件・東京地判平成元年9月22日。その他、池田電器事件・最判平成4年2月14日）。

誠実交渉義務違反で問題となるのは、本事案の概要にあるような交渉の拒否やその態度だけではなく、交渉の回数・時間・場所、資料の提示や合意内容の協約化拒否などが当たるとされています。

●交渉を拒絶した場合

使用者が交渉を拒絶したり、誠実交渉義務に違反するような団体交渉をしたりした場合、労働組合は不当労働行為であると主張し、労働委員会における救済の申し立て（労働組合法第27条）を行うことになります。この場合、使用者は労働委員会による審問の手続きに応じなければなりません。

また、使用者の行為によって労働組合に損害が発生した場合は、労働組合は、使用者に対して損害賠償請求を行うことができます。

●合意が成立した場合（労働協約）

労働協約は、労働組合と使用者との間に合意が成立したら、労働条件その他に関して締結されます。書面にて作成され、署名または記名押印されたものは**労働協約**（労働組合法第14条／P251コラム参照）となり、組合員との関係で労働条件に影響を及ぼすことになります。なお、労働協約は「確認書」「覚書」といった題名であっても効力を有するので注意が必要です。

●合意が成立せず、交渉が決裂した場合（労働委員会の手続き）

労働組合と使用者との間の団体交渉において、合意が成立せず、団体交渉が決裂した場合、労働組合は、不当労働行為があったことを主張して労働委員会における救済の申し立て（労働組合法27条）を行うことになります。

労働委員会での手続きは都道府県労働委員会での手続きが最初に行われ、都道府県労働委員会で出された救済命令または棄却命令（以下「救済命令等」といいます）に不服がある当事者（使用者・労働組合）は、中央労働委員会に対して15日以内であれば再審査を申し立てることができます。

労働委員会の救済命令等に不服がある場合、行政訴訟として地方裁判所に救済命令等の取消訴訟を提起することができます。こちらは、裁判所の手続きで、最大で三審制となります。なお、使用者側が取消訴訟を提起する場合、救済命令等の交付から30日以内に取消訴訟を提起しなければなりませんので注意が必要です（労働組合法第27条の19第1項）。

教訓と対策

本件設例のように、社外の労働組合からの申し入れであった場合でも、会社は団体交渉に応じる義務があります。また、会社の対応に問題があったかどうかに関係なく、団体交渉に応じないと不当労働行為となってしまうので、注意が必要となります。

団体交渉の範囲は、従業員の労働条件に関するものはその範囲であることは当然ですが、労働条件に関連する限り、設備に関する事項も団体交渉の範囲となります。本件のような、会社の設備の更新が全くなされない場合などについても、団体交渉の対象となる可能性があるので注意が必要です。

また、団体交渉の会社側の担当者は、交渉事項について決定できる権限を有する者の立ち会いを行わないと、誠実交渉義務に違反することになります。

いずれにしろ、労働組合との団体交渉においては、真摯に交渉に応じる義務があることを前提とする必要があるのです。

社外の労働組合と団体交渉となる場合、相手方は労働条件に関する交渉に慣れていることが多いので、社内の体制や担当者が団体交渉に慣れていない場合は、事前に弁護士や社会保険労務士に相談するなどして、対応について議論しておくことも検討する必要があるでしょう。

コラム21

労働協約

朝日 洋介

労働協約とは、労働組合と使用者またはその団体との間の、労働条件などに関する法的に拘束力を持つ取り決めで、書面にて作成され、両当事者が署名または記名押印したものをいいます(労働組合法第14条)。署名または記名押印がない場合や、書面で取り交わされていない場合は、労働協約としての効力を有さないことに注意が必要です。

労働協約を締結するには、労働者側は労働組合であることが必要であり、個別の労働者には労働協約を締結する権限はありません。また、労働協約の適用範囲は、締結した労働組合の組合員に限るのが原則です。ただし、1つの工場・事業場に常時使用される同種の労働者の4分の3以上が同一の労働協約の適用を受けるときは、当該労働組合の組合員以外にも適用される(「一般的拘束力」といいます)ことになります(労働組合法第17条)。

労働協約を結ぶことができる内容としては、組合員の個別的な労働条件や、使用者と労働者との団体的労使関係についても協約を締結することが可能です。なお、労働協約中の「労働条件その他の労働者の待遇に関する基準に違反する労働契約の部分」があれば、それは無効とされます(労働組合法第16条)。無効とされる部分は労働協約で定める基準によります。また、主に団体的労使関係について協約内容で定めた場合には、履行義務が生じることもあります。

労働協約は、その期限に定めを設ける場合、3年を超える期間を設けることはできません。期限の定めを設けない場合は、90日以上の予告期間を設けて、署名または記名押印した書面によって解約をすることができます（労働組合法第15条）。なお、解約に際して、解約権の濫用や不当労働行為とされ無効となった裁判例（駿河銀行事件・東京高判平成2年12月26日、黒川乳業事件・大阪高判平成18年2月10日）がありますので注意が必要です。

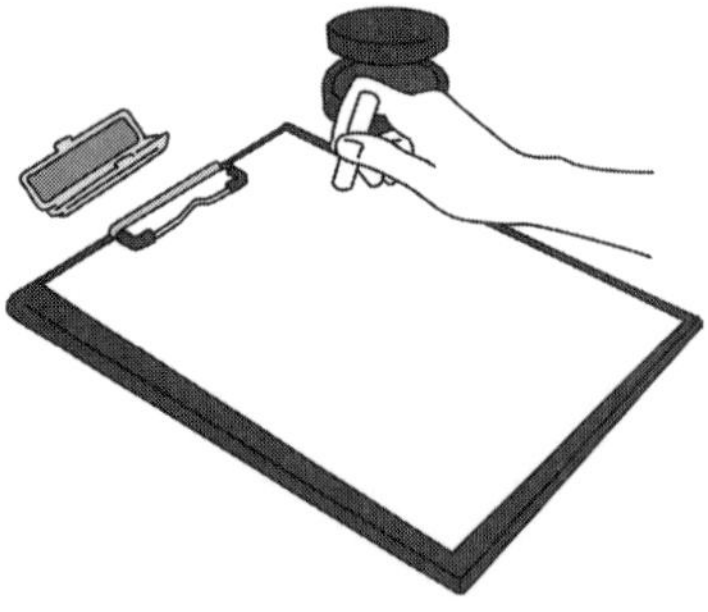

監修者・執筆者

※数字は 01 担当章と ● 01 コラム

監修者

中村 博（なかむら・ひろし） 01 02 05（コラム）

新霞が関綜合法律事務所 パートナー弁護士　東京弁護士会所属

中央大学法学部卒業

会社法務全般（渉外案件を除く）、特に人事・労働案件（使用者側・労働者側ともに）を中心に幅広く取り扱う。

著書に、『メンタルヘルスの法律問題――企業対応の実務』（青林書院　ロア・ユナイテッド法律事務所編）、『アルバイト・パートのトラブル相談 Q＆A』（民事法研究会　岩出 誠、ロア・ユナイテッド法律事務所編）など。

立正大学心理学部非常勤講師（法学担当）、東京都港区教育委員会委員、公益財団法人日本レスリング協会理事

所属事務所ＨＰ　http://www.sksm-law.com/

03－6205－7830

執筆者（執筆順／数字は担当章）

高津 陽介（たかつ・ようすけ） 01 07 14 ／ 08 10 11 18 19（コラム）

高津・平岡法律事務所 弁護士　第一東京弁護士会所属

早稲田大学政治経済学部経済学科卒業後、日本大学法科大学院修了

専門は人事労務を中心とした企業法務。

著書に、『コロナ恐慌後も生き残るための 労働条件変更・人員整理の実務』（日本法令　共著）、『柔道整復師が知っておくべき法的知識Q＆A』（日本法令）など。

第一東京弁護士会労働法制委員会委員、経営法曹会議会員

織田 康嗣（おだ・やすつぐ） 02

弁護士法人ロア・ユナイテッド法律事務所 弁護士　東京弁護士会所属

中央大学法学部卒業後、中央大学法科大学院修了

予防法務から訴訟対応に至るまで、使用者側・労働者側を問わず、人事労務分野を広く取り扱う。

お問い合わせ　oda@loi.minato.tokyo.jp

松本 貴志（まつもと・たかし） 03 ／ 03 04（コラム）

弁護士法人ロア・ユナイテッド法律事務所 弁護士　東京弁護士会所属

中央大学法学部法律学科卒業、千葉大学大学院専門法務研究科修了

使用者側・労働者側の人事労務問題（問題社員対応、解雇、未払残業代請求、ハラスメント、メンタルヘルス等）を専門的に取り扱

う。著書に『ハラスメント対応の実務必携Q&A』民事法研究会共著）、『2023年版　年間労働判例命令要旨集』（労務行政共著）、『労災の法律相談　改訂版』（青林書院　共著）などのほか、「労政時報」「ビジネスガイド」等専門誌への寄稿多数。

お問い合わせ ✉ matsumoto@loi.minato.tokyo.jp

○結城　優（ゆうき・ゆう）

04 06 17

ATOZ法律事務所 代表弁護士・結城社会保険労務士事務所代表社労士　東京弁護士会、東京都社会保険労務士会所属

東京大学法学部卒業後、中央大学法科大学院修了

M&A・IPOの支援、人事労務分野を中心とする企業法務全般を取り扱う。

お問い合わせ ✉ yuki@atoz-law.com

○横澤　英一（よこさわ・ひでかず）

05 08 11 07 09 12 15

さくら共同法律事務所 弁護士　第二東京弁護士会所属

早稲田大学法学部卒業後、慶應義塾大学大学院法務研究科修了

第二東京弁護士会労働問題検討委員会幹事

企業法務全般、特に人事・労務案件、不正競争防止法案件を多く取り扱う。

所属事務所HP https://www.sakuralaw.gr.jp/index.htm

お問い合わせ ✉ yokosawa@sakuralaw.gr.jp

○中村　仁恒（なかむら・よしひさ）

06 16

弁護士法人ロア・ユナイテッド法律事務所 パートナー弁護士

東京弁護士会所属

早稲田大学法学部卒業後、早稲田大学法科大学院修了

人事・労務案件や契約書、不動産、通報窓口等を中心に企業法務全般を取り扱う。

著書に、『実務Q&Aシリーズ 懲戒処分・解雇』（労務行政 共著）、『実務Q&Aシリーズ 募集・採用・内定・入社・試用期間』（労務行政 共著）などのほか、「労政時報」等専門誌への寄稿多数。

成蹊大学経済学部非常勤講師（労働法）

お問い合わせ ✉ y.nakamura@loi.minato.tokyo.jp

☎ 03-3592-1791

○野澤　航介（のざわ・こうすけ）

09 13 17 13 16

福家総合法律事務所 弁護士　東京弁護士会所属

金沢大学人間社会学域法学類卒業、中央大学大学院法務研究科修了

令和5年度日本弁護士連合会代議員、東京弁護士会常議員、日本プロ野球選手会公認選手代理人

専門は、民事事件一般（相続、離婚、交通事故、破産等）であり、非上場会社の社外監査役を務めるなど会社法務（M&A、契約書、訴訟、労務等）についても多数取り扱う。

所属事務所HP　http://fukuie-law.jp/

お問い合わせ　✉ kousuke.nozawa@dune.ocn.ne.jp

☎ 03-3572-7855

○岩楯 めぐみ（いわだて・めぐみ）　10　14　20

社会保険労務士事務所 岩楯人事労務コンサルティング　特定社会保険労務士　東京都社会保険労務士会所属

名古屋大学経済学部卒業

IPO労務整備支援、M&Aにおける労務DD、労務改善支援、就業規則作成支援、労務アドバイザリー、研修講師等の労務全般の支援を行う。

著書に、『テレワーク・フリーランスの労務・業務管理Q&A』（民事法研究会　共著）、『実務Q&Aシリーズ 退職・再雇用・定年延長』（労務行政　共著）、『労災の法律相談　改訂版』（青林書院　共著）など。

○中野 博和（なかの・ひろかず）　12

弁護士法人ロア・ユナイテッド法律事務所　弁護士　東京弁護士会所属

中央大学法学部卒業後、中央大学大学院法務研究科修了。日本労働法学会所属

人事労務分野を中心とする企業法務全般を取り扱う。

著書に、『実務Q&Aシリーズ 退職・再雇用・定年延長』（労務行政　共著）、『労災の法律相談　改訂版』（青林書院　共著）などのほか、「労政時報」等専門誌への寄稿多数。

お問い合わせ　✉ nakano@loi.minato.tokyo.jp

○吉直 達法（よしなお・たつのり）　15

吉直法律事務所 弁護士　東京弁護士会所属

税務大学校関東信越研修所講師、東京弁護士会法制委員会副委員長

○朝日 洋介（あさひ・ようすけ）　18　21

新霞が関綜合法律事務所 弁護士　第一東京弁護士会所属

首都大学東京（現・東京都立大学）卒業、明治大学法科大学院修了

民事介入暴力対策委員会、裁判官選考検討委員会、総合法律研究所倒産法研究部会に所属。専門分野は会社法務・相続・不動産・倒産など。

所属事務所HP　http://www.sksm-law.com/

☎ 03-6205-7830

労務トラブルから会社を守れ！
労務専門弁護士軍団が指南！実例に学ぶ雇用リスク対策18

2024年3月31日　第1刷発行

監修者――――――――中村 博
発行人――――――――高橋 勉
発行所――――――――株式会社 白秋社
〒102-0072　東京都千代田区飯田橋4-4-8 朝日ビル5階
電話　03-5357-1701
URL　https://www.hakusyusya.co.jp
発売元――――――――株式会社 星雲社（共同出版社・流通責任出版社）
〒112-0005　東京都文京区水道1-3-30
電話　03-3868-3275／FAX　03-3868-6588
装丁・本文デザイン――有限会社 北路社
印刷・製本――――――モリモト印刷株式会社

ISBN 978-4-434-33441-2 C0034